# 아빠표 입시컨설팅

## - 입알못 아빠의 좌충우돌 SKY 보내기 -

# 아빠표
# 입시컨설팅

## - 입알못 아빠의 좌충우돌 SKY 보내기 -

**원성묵** 지음

(주)글통

## 무관심한 아빠가 대학 보내는 시대는 갔다

2020년 12월 26일 저녁은 우리 아이의 대학입시 결과를 기다리고 있던 우리 가족에게는 기적이 일어난 날이었습니다.

제가 기적이라고 표현한 이유는 기대하지 않았던 일이 일어났기 때문입니다. 우리 아이가 무려 104대1의 경쟁률을 기록했던 연세대학교 교육학부의 논술전형에 최초합격을 한 날이었습니다.

크리스마스 이브인 12월 24일에 수시 학생부종합전형으로 1차 합격을 했던 인천대 윤리교육과를 최종 떨어지고 나서 꿀꿀한 심정으로 크리스마스를 보내고 난 뒤라 기쁨이 배가 되었습니다. 연세대학교는 원래 12월 27일이 수시합격자 발표 일이었으나 하루 앞당겨 조기 발표를 했습니다. 이날 저녁 저는 평소와 같이 거실에서 노트북으로 '수만휘'[1] 사이트를 들락거리면서 수시 발표를 기다리고 있는 수험생과 같은 심정으로 게시판을 응시하고 있었습니다. 그러다가 "연세대학교 합격인증!"이라는 글을 보고 홀리듯이 연세대학교 입학처 홈페이지에 접속하였습니다. 수시 합격자 조회에 이름, 수험번호, 생년월일을 넣고 엔터를 치는 순간 제 눈을 잠시 의심했습니다.

"축하합니다!"
"연세대학교 2021학년도 수시모집 논술전형에 최초 합격 하였습니다."

대문짝만한 문자가 노트북 화면을 꽉 채웠는데도 긴가민가했습니다. 서승환 연세대학교 총장님의 축하 메시지 동영상을 틀어보고서야 실감이 나기 시작했습니다. 인천대학교를 떨어지고 실의에 빠져 방콕하고 있던 아이를 불렀습니다.

---

1) 수만휘는 '수능날만점시험지를휘날리자'의 줄임말로 네이버 카페에 있는 대한민국의 대학 입시 커뮤니티이다. 카페 가입자는 290만 명이다.(위키백과)

"치영아, 연세대학교 붙었다!"

온 가족이 방안에서 용수철처럼 튀어 나와 노트북 앞으로 모여 들었습니다. 아이는 기대하지 않았던 논술로 연세대학교를 합격한 사실이 얼떨떨한지 두 번 세 번 모바일로 합격사실을 확인하더군요. 아이가 지원한 연세대학교 교육학부는 논술로 6명밖에 모집하지 않았기에 원서 쓰기를 권유한 저조차도 크게 기대하지는 않았습니다. 사실 대학입시에서 연세대학교를 논술로 합격하는 것은 조선시대 과거시험에 합격하는 것과도 같다고 합니다. 그만큼 어려운 도전이었습니다. 스카이 대학 중에서 연세

대학교는 논술로 갈 수 있는 최상위 대학이기 때문입니다. 저는 즉시 아이의 고3 담임선생님께 기쁨의 소식을 메신저로 전했고, 선생님은 다음과 같은 답장을 보내왔습니다.

"아버님 정말 축하드립니다. 모두 다 아버님 노력으로 이뤄내신 겁니다."
"정말 대단하십니다!"

사실 고3 담임선생님은 5개월 전 '입알못'(입시 알지 못하는) 아빠였던 저에게 아빠표 입시컨설팅을 시작할 수 있도록 역설적(?) 동기를 부여해 주신 분이었습니다. 2020년 6월 9일 저는 아이가 고등학교에 들어가고 나서 처음으로 담임선생님과 마주 앉았습니다. 소위 대학입시를 위한 학부모 면담이었습니다.

이 자리에서 담임선생님은 아이가 갈만한 학교로 지방에 소재한 ○○대학교를 권하셨습니다. 학생부 교과전형 안정권이라면서 머리 위에 커다란 모니터를 띄어놓고 열심히 그 이유를 설명하셨습니다. 저는 담임선생님의 설명을 들으면서 그야말로 '현타'(현실자각타임)와 '멘붕'(멘탈붕괴)이 함께 찾아

왔습니다. 우리 아이는 사범대 지망생이었기 때문에 아이의 3학년 1학기까지의 내신 성적으로 갈 수 있는 학교를 추천해 주신 것이었지만 저는 ○○대학교가 어디에 있는지도 모르는 상태였습니다.

솔직히 우리 아이가 최소한 인서울은 가능할 줄 알았습니다. 수도권 일반고의 현실을 너무도 몰랐습니다. 대부분의 아빠들이 그렇듯이 저는 아무것도 모르는 입시초보 아빠였습니다. 이날 담임선생님과의 학부모 면담은 제가 아빠표 입시컨설팅을 시작하게 된 결정적인 계기가 되었습니다.

대학입시 성공의 조건이 할아버지의 경제력, 엄마의 정보력, 그리고 아빠의 무관심이라는 이야기가 세간에 떠돌아다니고 있습니다. 아마도 강남 사교육계에서 떠돌아다니는 이야기인 것 같은데 우스갯소리로만 여기기에는 씁쓸함을 감출 수 없습니다. 할아버지의 경제력이 없고, 엄마의 정보력이 없다면 좋은 대학을 갈 수 없나요? 게다가 아빠의 무관심이라뇨? 놀라울 만한 일은 이러한 우스갯소리를 진실인양 실천(?)하고 있는 부모들이 적지 않다는 사실입니다.

예전에는 제 자신조차도 종종 술자리에서 아빠들이 아이 입시에 대해서 무관심한 것이 좋다고 이야기한 적이 있었을 정도입니다. 그러나 이것은 강남 입시컨설팅 업계만 좋은 일을 시켜주는 일이라고 생각합니다. 아이의 대학입시에 대해서 무관심한 아빠는 절대로 좋은 대학을 보낼 수 없습니다. 저의 지난 5개월간의 경험이 그것을 증명해 주고 있습니다. 이 책을 통해서 입시초보였던 제가 어떻게 우리 아이를 논술로 연세대학교를 보내게 되었는지에 대해 전 과정을 아빠님들과 솔직하게 공유하고 싶었습니다.

저는 아빠표 입시컨설팅을 시작하기 직전 구(舊) 국민의당 계열에서 정치연수원 부원장 등을 맡아 일한 경력이 있습니다. 20대 총선에서 26.74%라는 국민의 지지를 받아 38석 교섭단체로 출범한 제3정당 구(舊) 국민의당은 바른미래당, 민생당으로 당명이 바뀌는 동안 19대 대선, 6.13지방선거, 4.15총선에서 연속으로 패배하면서 국민의 지지를 잃었고, 저는 한국 정치에서의 제3정당의 꿈을 접어야만 했습니다. 그동안 몇 년간의 노력이 헛수고로 돌아갔다는 생각에 실의에 빠져 지내는데 둘째 아이의 대학입시가 코앞에 닥쳐왔습니다. 아이의 대학입시를 위해 무슨 일이든 도움이 될 수 있는 일을 찾아야 했습니다. 아빠표 입시컨설팅은 이렇게 시작되었습니다. 아이의 수시 발표가 끝나고 얼마 있다가 한동안 못 보던 후배와 술자리를 갖게 되었습니다.

후배는 이야기 도중 농담으로 정치에서 실패하고 입시에서 성공한 아빠라며 그 전 과정을 책으로 써보라고 권했습니다. 과연 내가 할 수 있을까 의문이 들었지만 후배와의 만남은 제가 책을 써보겠다고 무모하게 결심한 우연한 계기가 되었습니다. 수험생 아이를 둔 수많은 입시초보 아빠들의 멘토가 되어 "나도 할 수 있다!"는 새로운 희망을 보여주고 싶었습니다. 전국의 아빠님들! 자 이제 아빠표 입시컨설팅의 세계로 함께 떠나 볼까요.

쿠키 굽는 동네 카페에서
2021년 설 연휴

# 아빠표 입시컨설팅
## 목차 Contents

---

1장

아빠가 공부해야
아이가 대학 간다

# 아빠가 공부해야
# 아이가 대학 간다

## 입시초보 아빠, 현타 오다

아빠님들, '현타'란 말을 아십니까? 인터넷을 찾아보면 '현타'는 '현실자각타임'의 줄임말로 신세대 조어라고 합니다. 헛된 꿈이나 망상 따위에 빠져 있다가 자기가 처한 실제 상황을 깨닫게 되는 시간을 시쳇말로 '현타'라고 한답니다. 저는 입시 커뮤니티인 '수만휘' 게시판에 올라온 글 제목에서 '현타'란 말을 수 없이 많이 발견했습니다. 소위 '입시현타'를 느낀 수험생들이 올린 글들이었습니다. 처음에는 저도 무슨 말인지 몰라 인터넷 검색을 해보고서야 알게 되었습니다. 어떤 수험생은 "일단 서울권이어도 내신 3등급이면 인서울은 어렵다고 보면 되요. 현타 옵니다."라고 올렸더군요. 그런데 가만히 생각해 보면 '현타'가 왔다는 것은 다행한 일입니다. 자신이 처한 현실을 자각하지 못하고 있다가 깨닫게 되었다는 말이니까요. 저 역시 '입시현타'가 왔습니다.

저는 소위 '86세대' 아빠입니다. 60년대에 태어나 80년대 초반에 대학교를 다녔고 83학번으로 고려대학교를 입학했습니다. 당시 우리 세대의 평균 대학 진학률은 20%가 채 안 되었습니다. 5명 중 1명만이 대학을 진학했던 시대였습니다. 지금은 대학 진학률이 70%가 넘는 시대입니다. 제가 고등학교를 다녔던 시대에는 학력고사 점수에 맞추어 대학을 갔습니다. 지금처럼 수시 6장, 정시 3장, 총 9장의 원서를 쓰는 것이 아니라 전기, 후기로 나누어 전기 대학에 떨어지면 후기 대학을 쓰면 되는 단순한 전형으로 대학을 선택하면 됐습니다. 지금은 어떨까요? 아마도 정확한 전형의 개수를 아시는 아빠님들은 없을 것입니다. 2015년 한국 대학교육협의회(대교협)에서 발표한 자료에 따르면 대학입시 전형의 방법은 892개였다고 합니다. 2015년 이후에는 정확한 대학입시 전형의 개수는 집계하지 않았지만 지금은 아마도 이보다 더 많은 대학입시 전형이 있을 것이라고 짐작하고 있습니다. 제가 이쯤에서 강조하고 싶은 것은 대학입시가 우리 아빠 세대가 겪었던 시대보다 훨씬 복잡하고 어려워졌다는 점입니다.

저의 '입시현타' 1탄은 프롤로그에서도 밝혔듯이 2020년 6월 9일 아이의 고3 담임선생님과의 학부모 면담에서 왔습니다. 우리 아이는 고교생활 3년 내내 사범대를 지망했습니다. 중고등학생들을 가르치는 선생님이 되어 대한민국의 인재들을 길러내고 싶다는 꿈을 가지고 있었기에 고3 담임선생님에게 사범대 진학에 대해서 의논을 드렸습니다. 이 자리에서 담임선생님은 학생부 교과 전형으로 안정 지원할 수 있는 지방 사립대인 ○○대학교의 ○○교육과를 추천하셨습니다. 이 말을 듣는 순간 저는 시쳇말로 '현타'가 왔습니다. 아이의 내신 성적이 정확히 어느 정도인지 모르고 대충 중상위권이라고만 알고 있었던 저는 아이가 인서울권의 대학교는 갈 수 있을 것이라고 막연하게 생각해왔습니다. 사실 이때만 해도 인서울권의 대학교가 어느 정도 수준인지 정확히 몰랐습니다. 지금 생각해보면 대학입시가 어떻게 돌아가는지 1도 모르는 입시 무식자였습니다. 입시 커뮤니티 '수만휘'에는 '입알못'(입시 잘 모르는) 부모님들에 대해 이런 글들이 자주 올라오곤 합니다.

"입시 관련해서 부모가 잘 모르는데 참견하면, 진짜 너무 힘든 것 같아요. (중략) 또 과나 대학 잘 모르시면서 서울대, 서울대 노래를 부르시니까 너무 힘드네요."

"부모님이 모르는 대학 넣는다니까 거기가 어디냐고 첨 듣는다고 듣보잡이라는 표정으로 묻는 거예요. 근데 거기보다 입결(입시결과) 낮은 ○○대는 또 알거든요. 그런 서울에서도 안쳐주는 데를 왜 넣느냐고 하는데 걍 무시하고 넣을까요?"

이런 글들을 보면 예전의 제가 떠올라 괜히 얼굴이 화끈거리곤 합니다. 저도 그랬습니다. 대학입시의 현실을 잘 모르면서 아이에게 제가 다녔던 고려대학교를 갔으면 좋겠다고 이야기한 적이 많았습니다. 그럴 때마다 아이는 저를 어떻게 생각했을지 지금에서야 상상이 되었습니다. 제게 찾아온 '입시현타' 2탄은 대학입시에 대해서 아는 것이 하나도 없다는 사실을 깨닫는 순간이었습니다. 고3 담임선생님과의 면담에서 저는 최소한 수도권 사범대학이라도 가려면 어떻게 해야 하느냐고 물었습니다. 담임선생님은 난감한 표정으로 즉답을 피하셨습니다. 대학입시에 대해서 아는게 하나도 없는 학부모 앞에서 아마도 담임선생님도 답답했을 것 같습니다. 처음이자 마지막이었던 담임선생님과의 학부모 면담은 이렇게 끝났습니다. 아이 엄마와 함께 교실을 나오면서 힘이 쭉 빠지는 것을 느꼈습니다. 그동안 무슨 '근자감'(근거 없는 자신감)에서 우리 아이가 대학을 잘 갈 수 있다고 생각했는지 헛웃음이 났습니다. 집에 오는 내내 발등에 불이 떨어졌다는 생각이 들었습니다.

제게 찾아온 두 번의 '현타'는 첫째, 우리 아이의 현 위치를 파악한 것이었고, 둘째, 대학입시에 대한 정보를 아무것도 모른다는 것이었습니다. 그렇다고 해서 아이의 대학입시를 이대로 방치할 수는 없었습니다. 제가 판단할 수 있는 독자적이고 객관적인 기준이 필요했습니다. 복잡한 입시의 바다에서 아이의 나침판이 되어 줄 수 있는 아빠가 되기로 결심했습니다. 집으로 돌아오자마자 '2021 대학입시 핵심전략'이란 제목의 책을 주문하였습니다. '수시'가 무엇이고, '정시'가 무엇인지 1도 몰랐던 '입알못' 아빠가 맨땅에 헤딩하듯 아빠표 입시컨설팅을 시작하게 된 순간이었습니다. 단언컨대 저는 이 순간이 제 인생 최고의 선택 중의 하나였다고 꼽을 수 있을 것 같습니다. 결과적으로 우리 아이는 아빠표 입시컨설팅 도움으로 자기 인생의 첫 관문을 성공적으로 통과할 수 있게 되었습니다. 대한민국 입시정보가 어렵다고 해서 우리 아이의 대학입시를 학교나 학원에 맡겨둘 수만은 없습니다. 수많은 입시 전형 중에 우리 아이에게 적합한 전형을 찾아낼 수 있는 코치는 우리 아이를 제일 잘 아는 부모님일 수밖에 없습니다. 그중에서도 아이와 함께 입시정보를 파악하고 전략을 잘 짤 수 있는 사람은 아빠가 더 적합하다는 생각을 해봅니다. 어렵지만 아빠가 도전해야 합니다. 아빠가 공부해야 아이가 대학 간다고 확신합니다. 해보지도 않고 망설이는 아빠님들에게 고(故) 정주영 회장님의 말씀을 전합니다.

"이봐, 해봤어?"

# 대학 가는 방법이 892개라구요?

아빠님들, 앞서 이야기한 바와 같이 2015년 한국 대학교육협의회(대교협)에서 발표한 자료에 따르면 대학입시 전형의 방법은 892개였다고 합니다. 이 개수는 아마도 대학마다 발표한 모집요강 안에 있는 전형의 모든 개수를 더한 숫자일 것입니다. 물론 2021년인 지금은 그보다 많은 전형의 개수가 있을 것이라고 짐작합니다. 대학입시와 관련된 언론 보도나 대형 학원의 입시 설명회에서는 3,000개가 넘는다고 '뻥'을 칩니다. 대부분의 학부모님들은 이러한 '뻥'에 속아 충격과 공포에 사로잡히곤 합니다. 바로 이런 충격요법이야말로 언론이나 학원에서 노리는 바입니다. 학부모님들의 충격과 공포를 이용해서 "이래도 우리의 도움을 안 받으시겠습니까?"라면서 공포 마케팅을 하는 것입니다. 아빠님들에게 제가 드리고 싶은 말씀은 이러한 과장된 공포 마케팅에 대해 전혀 걱정할 필요가 없다는 것입니다. 실제로는 이름만 다르지 유형은 똑같은 전형을 다 합쳐 놓은 것에 불과하기 때문입니다. 학생부교과나 학생부종합 수시전형에서 이러한 경우가 많은데요. 예를 들면 학생부 종합 전형 중 건국대의 'KU 자기추천' 전형과 경희대의 '네오르네상스' 전형, 동국대의 'Do

Dream' 전형은 이름만 달리하는 똑같은 학생부 종합 전형인 것입니다. 이른바 대학에서는 똑 같은 학생부 종합 전형을 독특한 네이밍을 부여하여 마케팅을 하는 전략을 취하고 있는 것입니다. 그리고 또 학생부 종합 전형을 조건에 따라 여러 개로 쪼개는 경우가 있습니다. 건국대의 경우, 2021년 수시모집요강을 보면 학생부 종합 전형을 8개로 나누어 안내하고 있습니다. 건국대가 안내한 학생부 종합 전형은 ① KU자기추천, ② KU학교장추천, ③ 사회통합, ④ 기초생활자 및 차상위, ⑤ 농어촌학생, ⑥ 특성화고교졸업자, ⑦ 특성화고졸재직자, ⑧ 특수교육대상자 이렇게 8개로 나뉘어져 있습니다. 학생은 이러한 학생부 종합 전형 안내를 보고 자신의 사정에 맞는 정형을 선택해 지원하면 되는 것입니다. 가령 농어촌 출신 학생이라면 학생부 종합 전형(농어촌학생)을 지원할 수 있는 것입니다.

아빠님들, 그래서 이름만 수천 개인 전형 개수에 속으실 필요가 하나도 없는 것입니다. 실제로는 수시로는 학생부 교과, 학생부 종합, 논술, 실기, 그리고 정시 5개 전형이 있다고 생각하면 됩니다. 참고로 2022년 대학입시에서는 가천대 등에서 실시하던 적성이 사라지고 논술 전형에 포함되었습니다. 대부분의 학생들 경우 지원할 수 있는 전형은 2~3개에 불과합니다. 우리 아이의 경우, 학생부 종합과 논술 전형으로 5개 대학교를 수시로 지원하였습니다. 수시 원서는 6장 쓸 수 있는데, 왜 5개 대학교 밖에 안 되냐고 여쭤보실 것 같습니다. 우리 아이는 동일한 대학교 국어교육과를 학생부 종합과 논술로 복수 지원했기 때문입니다. 학교마다 지원하는 전형이 다를 경우, 복수 지원을 할 수 있는 경우도 알아 두시면 좋겠죠. 다음은 대학입시 전형의 종류를 간단하게 표로 정리해봤습니다.

**〈대학입시 전형의 종류〉**

| 분류 | 수시 | 정시 |
|------|------|------|
| 내용 | 수능 외의 요소를 위주로 학생 평가선발 | 수능성적 위주로 학생 평가선발 |
| 종류 | 학생부교과 전형 | 단일전형(수능위주) |
| | 학생부종합 전형 | |
| | 논술 전형 | |
| | 실기 전형 | |

아빠님들, 간단하죠? 실제 모든 대학입시 전형은 이 중의 하나라고 보면 됩니다. 수험생들은 수시 원서 6장, 정시 원서 3장 해서 모두 9개의 대학교에 지원할 수 있습니다. 그러나 보통 가

고 싶은 대학교에 전형을 달리해서 복수지원을 하는 경우가 있기 때문에 실제 4~5개 정도의 대학교에 지원하게 됩니다. 우리 아이의 경우는 학생부종합 3장, 논술 3장으로 수시 원서를 넣었습니다. 대입용어로 전형적인 '수시러', '논술러'인 셈입니다. 여기서 잠깐 용어 정리를 하자면 '수시러'는 수시 전형에 올인하는 학생, '논술러'는 논술 위주의 전형에 응시하는 학생, '정시러'는 정시 전형에 올인하는 학생을 의미합니다.

지금부터 입시초보 아빠들을 위해 좀 더 수시와 정시 전형에 대해 설명을 드려보겠습니다. 먼저 수시에 대해 설명을 드리겠습니다. 수시는 4개의 세부 전형과 2개의 서류평가 요소로 구분을 할 수 있습니다. 4개의 세부 전형 중 첫째, 학생부 교과 전형입니다. 학생부 교과 전형은 주로 내신 성적 100%로 학생을 선발하는 전형이라고 생각하시면 되고, 일반고의 1~2등급 학생들이 주로 지원합니다.(물론 저의 경험에 기초한 기준입니다.)

대학에 따라서 수능 최저기준을 맞춰야 하는 곳도 있습니다. 수능 최저기준은 국어, 수학, 영어, 사회 혹은 과학탐구 4개 과목 중 2개를 합해 4등급 혹은 3개를 합해 8등급 등으로 대학별로 기준이 다릅니다.

둘째, 학생부 종합 전형입니다. 학생부 종합 전형은 1차 서류 평가(학교생활기록부, 자기소개서)로 3~4배수의 학생을 선발한 후 2차 면접 평가를 통해 최종 합격자를 선발합니다. 1차와 2차의 반영비율은 보통 70 대 30의 비율로 이루어져 있습니다. 보통 '입학사정관' 제도라고 합니다. 내신 성적만 가지고 학생을 정량적 평가하지 않고, 학교생활기록부와 자기소개서 등을 통해 비교과에 대한 정성적 평가를 하게 됩니다.

참고로 학교생활기록부만으로 학생을 평가하는 한양대학교 같은 경우도 있습니다. 그리고 지원하는 대학교에서는 홈페이지를 통해 학생부종합가이드북을 배포하는 경우가 많습니다. 가령 인하대학교의 경우, 학생부종합가이드북을 통해 학생부종합전형 인재상, 평가방법 및 자기소개서 작성방법 등을 상세하게 안내하고 있습니다. 따라서 우리 아이가 지원하는 대학교의 홈페이지를 통해 학생부종합가이드북을 다운 받아 꼭 참고할 것을 권해드립니다.

셋째, 논술 전형입니다. 논술 전형은 보통 3등급 이하 학생들이 본인들이 원하는 대학에 상향 지원하기 위해서 도전하는 전형이라고 볼 수 있습니다. 수능 최저기준이 없는 대학교와 수능 최저기준을 맞춰야 지원할 수 있는 대학교로 구분됩니다. 논술 전형에 대해서는 별도의 장에서 좀 더 구체적으로 말씀드릴 수 있는 기회를 갖겠습니다.

넷째, 실기 전형입니다. 실시 전형은 주로 예체능 분야 학생들이 지원하는 전형입니다. 마지막으로 정시전형은 수능 성적 위주로 정직하게 선발하는 전형입니다. 일부 대학의 경우에는 내신 성적을 반영하기도 하지만 그 비율이 미미해서 무시해도 좋을 정도입니다.

아빠님들, 대학입시 전형의 개수가 892개든 수천 개가 됐든 걱정하실 필요가 없습니다. 어차피 우리 아이가 대학 갈 수 있는 전형은 정시를 제외하면 2~3개라고 생각하시면 됩니다. 아이가 가고 싶은 학과와 대학을 정하고 나면 어떤 전형으로 지원하는 것이 유리한지 분석하고 전략을 짜면 됩니다. 아빠표 입시컨설팅에서는 이 방법을 어떻게 하면 되는지 아빠님들과 함께 공유하고자 합니다.

# 아빠만 모르는 인서울

입시커뮤니티 '수만휘'를 들어가 '인서울'이라는 검색어를 치면 수많은 글들이 올라옵니다. 그 중에 "인서울, 한 반에 대략 몇 명이 들어가나요?", "○○대학교는 인서울 라인?", "이 성적으로 인서울 갈 수 있을까요?"라고 제목이 달린 게시물들을 자주 볼 수 있습니다. 도대체 인서울이 뭐 길래 인서울에 목을 매는 게시물들이 이렇게 많을까요? 이 글을 쓰기 위해 읽어본 단행본 중에도 '우리 아이 인서울 대학보내기'라는 제목이 달려 있었습니다. 저는 솔직히 아빠표 입시컨설팅을 하기 전까지는 인서울이라는 말을 듣긴 했어도 그 기준과 내용을 정확히 몰랐습니다. 그저 막연하게 '서울에 있는 학교?' 정도로 생각했습니다. 고3 수험생을 둔 대학교 후배와의 술자리에서도 "인서울 대학교 가는게 뭐가 어렵다고 이 난리지?"라고 했다가 후배로부터 "인서울이 얼마나 어려운지 몰라서 그래요."라는 핀잔 아닌 핀잔을 들어야 했습니다. 입시 정보에 대해서는 1도 몰랐던 저는 인서울이라는 단어가 어떻게 생겨났는지 먼저 알아보고 싶었습니다. 그래서 찾아본 인서울의 유래는 아래와 같다고 합니다.

"90년대 수험생들의 우스갯소리가 있었다. 당시 서울대를 가고 싶었던 일부 학생들이 서울 안에 있는 대학들을 인(in)서울대, 수도권에 있었던 대학의 경우 서울약대(서울에서 약간 떨어진 대학), 그 외 지방에 있었던 대학 중에서 충청권 수준으로 그나마 다닐만한(?) 거리에 있었던 대학의 경우 서울법대(서울에서 제법 떨어진 대학), 아예 전라 및 경상권같이 완전히 멀찌감치 떨어져 있는 거리에 있었던 대학의 경우 서울상대(서울에서 상당히 떨어진 대학)라고 했던 농담이 국민 사이에 크게 회자하면서 인서울 대학이라는 단어가 생겨났다."(나무위키)

이러한 기술이 맞는 이야기인지는 모르겠지만 '서울집중화' 현상과 연동된 우스개 이야기로 이해를 하고 넘어가기로 했습니다. 그러나 인서울이라는 용어가 대학입시판에서 본격적으로 통용되면서 소위 대학서열화를 조장하기 시작했다는 것은 부인하기 어려울 것 같습니다. 통상적으로 대학입시판에서는 인서울의 기준을 언론의 기사에서 자주 등장하는 '서울 소재 11개 주요대학'과 '서울 소재 상위권 15개 대학', 행정구역상 서울에 소재한 대학 등으로 나누고 있다고 합니다. 어떤 기준을 적용하느냐에 따라 인서울의 기준이 달라지겠지만 대체로 대학입시판에서 인서울이라는 것은 수험생들의 심리적 마지노선인 '서울소재 상위권 15개 대학'을 꼽고 있습니다. 수험생들은 이러한 인서울 대학교들을 앞글자만 따서 무슨 암호처럼 줄임말로 부르고 있습니다. 아마도 입시초보 아빠들은 생전 처음 들어보는 말일 것입니다.

'서울소재 11개 주요대학'은 '서연고, 서성한, 중경외시이'라고 부릅니다. 서울대, 연세대, 고려대, 서강대, 성균관대, 한양대, 중앙대, 경희대, 한국외대, 서울시립대, 이화여대를 말합니다. '서울소재 상위권 15개 대학'에는 '건동홍숙'이 추가됩니다. 건국대, 동국대, 홍익대, 숙명여대를 말합니다. (저는 여기에 국민대, 숭실대, 서울과기대, 세종대, 성신여대 등 5개 대학을 추가해 '서울 소재 상위권 20개 대학'으로 구분하고 싶습니다.) 이외에도 전국의 '의치한약수'(의대, 치과대, 한의대, 약대, 수의대), 교대, 특수목적대학교(카이스트, 포스텍, 경찰대, 사관학교 등), 수도권의 항공대, 인하대, 아주대 등을 비롯해 '지거국'(지방거점국립대) 중 부산대, 경북대 등을 인서울급에 포함시키고 있습니다.

물론 저는 이러한 구분에 100% 동의하지는 않습니다. 그러나 문제는 이러한 인서울 구분이 대한민국 입시판의 현실이라는 점을 인정하지 않을 수 없다는 것입니다. 대학 서열화는 반드시 없어져야 한다는 도덕적 당위와는 달리 우리 사회 저변에 구조적으로 뿌리 깊게 자리 잡고 있기 때문입니다. 또한 이러한 현실은 우리 아이를 더 좋은 대학에 보내고 싶은 욕구와 결합해 상승작용을 일으키고 있습니다. JTBC의 '스카이캐슬'이라는 드라마가 한국 갤럽에서 조사한 '한국인이 좋아하는 TV프로그램 1위'를 차지했던 것은 대한민국 학부모들의 이러한 숨겨진 학벌주의 욕구를 가감 없이 반영한 것이라고 생각합니다. 대학의 서열화 현상은 86세대 아빠인 제가 '선지원, 후시험' 제도인 학력고사로 대학을 선택한 이후, 몇 십 년간 하나도 바뀌지 않았습니다. 앞으로도 대학입시 제도가 어떻게 바뀌든 당분간은 그럴 것이라고 생각합니다. 따라서 주어진 현실에서 평범한 아빠들의 노력으로 우리 아이를 인서울 시킬 수 있다면 가장 유용한 선택이 될 것입니다.

아빠님들, 그런데 말입니다.('그것이 알고싶다' 버전으로) 일부 최상위권 대학교를 제외하고 인서울간의 대학서열은 의미 없다는 사실입니다. 미세한 입시결과의 차이가 그것을 잘 말해

주고 있습니다. 인서울 중위권이라는 대학을 떨어지고 인서울 상위권이라는 대학에 붙는 경우도 많이 있습니다. 수도권에 위치한 ○○대학교 공대의 경우, 고교교사가 추천한 인서울 아웃풋(취업율) 6위를 차지하기도 했습니다. 그러니 아빠님들께서는 '서연고, 서성한, 중경외시이, 건동홍숙'과 같은 줄임말에 대해서 수험생들의 세계를 이해하기 위한 입시용어를 공부한다고 생각하시면 좋을 것 같습니다. 그런데 입시커뮤니티 사이트 '수만휘'에는 의미 없는 인서울 서열로 대학을 정해달라는 게시글이 심심찮게 올라오곤 합니다. 저는 이러한 요청에 대하여 아빠표 입시컨설팅의 입장에서 최상위권을 제외하고 인서울 대학의 서열은 없다. 대학을 보지 말고 본인의 적성과 진로에 맞는 학과를 선택하는 것이 좋다고 댓글로 조언하곤 합니다. 물론 받아들이고 말고는 당사자 마음대로이겠지만요. 아빠님들, 우리 아이가 인서울 했다는 것은 이미 전국적으로 337개(4년제+전문대)의 대학교 중 10%내의 상위권 대학에 진학했다는 것을 의미합니다. 그만큼 어렵다고 하지만 과감히 도전해볼 가치가 있다고 생각하지 않으십니까?

## 우리 아이 자세히 들여다보기

저는 83학번으로 고려대학교 철학과에 입학하였습니다. 솔직히 말씀드려 저는 당시에 철학과에 입학하면서 진로에 대한 고민이 1도 없었던 것 같습니다. 철학과를 나와서 뭘 하겠다는 생각도 없었고, 주변에 상의 드릴만 한 어른들이나 선배도 없었습니다. 그냥 학력고사 점수에 맞추어 선택하지 않았나 하는 생각이 듭니다. 지금 생각해 보면 정말 아쉬운 선택이었습니다. 그러나 요즘 고려대학교 철학과를 선택한 일부 학생들을 보면 뭔가 다르다는 생각이 들었습니다. 나름대로 진로에 대한 확고한 고민을 한 흔적이 있었습니다. 이 학생들은 사범대 복수 전공으로 교직이수를 통해 교사 임용을 준비한다든지, 로스쿨에 진학하여 변호사가 된다든지 입학할 때부터 어느 정도 목표를 세우고 학과보다는 고려대학교라는 대학 간판을 선택한 경우였습니다. 물론 모든 학생들이 그런 것은 아닙니다. 아직도 '수만휘' 같은 입시커뮤니티 사이트에는 본인의 진로나 적성에 대한 진지한 고민 없이 취업만을 기준으로 대학을 골라달라든지, 학과를 골라달라는 투표가 매일 올라오곤 합니다. 저는 이럴 때마다 답답한 심경이었습니다. 대학이나 학과를 떠나 아이들의 진로와 적성에 대한 고민이 아빠표 입시컨설팅의 시작이 되어야 한다고 느끼는 순간이었습니다.

"교육학과는 정말 진로가 고민이군요. 차라리 옆 동네 ○○ 대 국어교육과에 갈 걸 그랬어요."

입시커뮤니티 '수만휘'에 올라온 학부모님 글입니다. 이 글을 올린 학부모님은 뭔가 확고한 진로가 정해진 학과를 선호했던 것 같습니다. 저는 오히려 다양한 진로를 선택할 수 있는 교육학과가 더 나을 수도 있다고 댓글을 달았습니다. 만약에 아이가 국어교육과에 진학해 적성에 맞지 않아 공부에 어려움을 느낀다면 더 문제가 되지 않을까요? 라고 덧붙이기도 했습니다. 이렇게 댓글을 달았던 것은 저의 개인적인 경험이 있었기 때문입니다.

우리 아이의 진로희망이나 적성을 잘 파악하기 위해서는 아이의 학교생활기록부를 열람하는 것이 시작입니다. 저는 고3 담임 선생님과 학부모 면담을 하고 난 후 처음으로 아이의 학교생활기록부를 열람한 입시초보 아빠였습니다. 아이의 학교생활기록부를 열람하는 방법은 대부분 아시겠지만 포털 서비스에서 '나이스 학부모서비스'라는 검색어를 치고 들어가시면 됩니다. 처음 접속하시는 분들은 '학부모인증서'를 먼저 만들고 등록하신 후 로그인하시면 됩니다. 로그인을 하신 후 아이의 학교생활기록부를 클릭하시면 '진로희망사항'란이 있습니다. 이 '진로희망사항'란은 학생부종합전형에서 전공적합성 평가에 있어서 중요한 역할을 담당하게 되는데요. 고등학교 1학년부터 아이와 함께 의논하여 진로희망을 함께 만들어가야 합니다. 우리 아이의 '진로희망사항'에는 고등학교 1학년(교육분야), 2학년(중등국어교사), 3학년(중등교사) 이렇게 적혀 있는데요. 구체적으로 내용을 소개해드리면.

고등학교 1학년 때에는 "스터디 그룹 활동을 하면서 친구들에게 국어 교과를 가르치는 경험을 통해 알고 있는 내용에 대한 공부 방법을 알려주는 것에 대해 흥미를 가지게 됨. 친구들을 가르치면서 보람을 느끼고 자신도 함께 발전하고 있음을 깨달음. 가르치고 배우는 활동을 통해 국어 교과가 일상생활에서의 말하기, 쓰기, 듣기에서도 중요한 역할을 함을 깨닫고 해당 분야에 관심을 가지게 되어 교육 분야의 직업을 꿈꾸게 됨." 2학년 때에는 "교육 분야에 관심을 두게 되면서 교육과정 내에서 가르치는 활동을 할 수 있는 프로그램에 참여함. '같이가치' 프로그램에 참여하면서 가르치는 활동의 즐거움과 자신의 능력을 새롭게 발견함. '멘토멘티', 교사 동아리 활동을 통해 남을 가르치는 것이 보람되고 자신의 적성에 맞는다고 생각함. 평소 자신이 가장 좋아하는 과목인 국어에 관심을 두게 되었고, 국어 선생님과 상담을 하고 자신의 진로로 국어 선생님을 선택함." 3학년 때에는 "평소에 친구들에게 본인이 알고 있는 것들을 가르쳐주는 것을 좋아함. 학교에서 실시한 '같이가치', '멘토멘티' 프로그램에 참여하는 등 교육에 흥미를 느낌. 교외에서도 어린 학생들에게 교육 봉사를 하면서 교사의 자질을 키우고 있음. 이러한 경험들을 통해 중등교사가 되기를 희망함."이라고 적혀 있었습니다.

부끄러운 이야기지만 저는 우리 아이가 '중등교사', 그중에 '국어교사'의 꿈을 지니고 있는지 몰랐습니다. 아이의 학교생활기록부를 열람한 이후에야 그러한 꿈을 가지고 있었다는 것을 비로써 알게 되었습니다. 그런데 학교생활기록부에 기재된 꿈과 현실적인 꿈이 100% 일치하는 것은 아니더군요. 그래서 확인차 저는 아이에게 물었습니다. "국어교사가 네 꿈이냐?" 돌아온 대답은 글쓰기를 좋아하고 잘하고 싶어서 국어교사가 되고 싶다는 생각은 들었지만 국어교사가 꿈은 아니라고 했습니다. 오히려 특정 과목을 가르치는 중등교사가 된다면 역사교사나 윤리교사를 희망한다는 말도 덧붙였습니다. 제가 보기에도 아이는 국어보다는 역사나 철학에 더 많은 관심이 있었습니다. 그래서 3학년 때는 국어교사가 되고 싶다는 진로희망을 더 이상 기재하지 않게 됐다는 이야기를 아이로부터 들었습니다.

아빠님들, 학생부종합전형에 이미 기재된 내용의 경우, 이후에 수정을 할 수 없습니다. 따라서 고등학교 1학년 때부터 학교생활기록부 진로희망사항을 기재할 때에는 아이와 신중하게 의논해야 합니다. 저의 경우는 학교생활기록부에 이미 기재된 내용을 무시할 수 없었기 때문에 학교생활기록부 평가 중 중요한 요소인 전공적합성과 연계하여 수시원서 6장 중 3장(학생부종합전형 2장, 논술 1장)을 국어교육과에 지망하게 됩니다. 수시원서 전략에 대해서는 나중에 좀 더 상세하게 말씀드리도록 하겠습니다.

아빠님들, 아빠표 입시컨설팅은 아이의 진로희망과 적성을 파악하는 데서 시작된다고 생각합니다. 학교나 학원보다 우리 아이를 제일 잘 아는 사람은 부모님이기 때문입니다. 아이의 진로희망이나 적성을 고려하지 않고 취업이나 점수 기준에 맞춰 대학이나 학과를 선택하게 된다면 행복한 대학생활이 과연 가능할까요? 저는 아니라고 생각합니다. 2021학년도 수능에서 대학 한 학기 수강 후 대입에 재도전한 '반수생'이 7만 90명으로 9년 만에 최고치를 기록했다고 합니다. 코로나19로 부실해진 대학교육이 주요 원인이라지만 우리 아이의 진로희망이나 적성을 고려하지 않고 일단 대학을 보내고 봐야 한다는 생각이 근본 원인 아닐까요? 따라서 대학 자퇴율이 해마다 증가하고 있습니다. 지방대는 말할 것도 없고 인서울 상위권이라는 서울소재 11개 주요 대학의 자퇴생도 1.8배 증가했다고 합니다.(2010년 2179명에서 2019년 4014명) 엄청난 사회적 비용이 지출되고 있고, 학부모님들도 큰 부담입니다. 아이들의 고통은 말할 것도 없습니다. 이제부터라도 우리 아이 자세히 들여다보기, 함께 시작해 보면 어떨까요?

# 입시덕후가 된 아빠

2020년 12월 26일은 우리 아이가 논술전형으로 연세대학교 교육학부에 합격한 날입니다. 아이의 대학입시는 이 날로 끝났습니다. 그러나 아이의 대학입시가 끝난 이후에도 저는 대학입시판을 떠나지 못하고 유령(?)처럼 배회하고 있습니다. 지금도 매일 입시커뮤니티 수만휘에 올라오고 있는 수많은 사연들을 읽으면서 함께 울고 웃는 입시덕후가 되어 있는 제 자신을 발견하곤 합니다. MBC의 예능 프로그램 '능력자들'은 우리 사회의 덕후들을 소개하는 프로그램입니다. '앵무새 덕후', '매운맛 덕후', '새 덕후' 등 온갖 덕후들이 출연해 자신의 덕력을 과시합니다. 덕후의 어원은 일본말 '오타쿠'를 한국식 발음으로 바꿔 부른 '오덕후'의 줄임말로 한 분야에 미칠 정도로 빠진 사람을 뜻한다고 합니다. 원래는 부정적인 의미가 많았는데 지금은 특정 분야의 전문가를 뜻하는 긍정적인 의미로 바뀌었다고 합니다. 이러한 덕후들은 수시의 학생부종합전형에서 내신의 불리함을 극복하고 대학에 합격하는 인재들이기도 합니다. 소위 평가항목 중에 전공적합성과 발전 가능성에서 좋은 점수를 받을 수 있기 때문이지요. 아무튼 대학입시에 대해서 1도 몰랐던 입시초보 아빠가 입시덕후가 되었다는 사실이 제 자신 스스로도 신기합니다. 그래서 제가 입시덕후가 된 과정을 한번 설명해볼까 합니다.

저의 입덕 시기는 2020년 6월 9일 아이의 고3 담임선생님과 학부모 면담 직후였습니다. 당시 입시현타가 왔던 저는 바로 그 다음날 유튜브에 '진짜입시'라는 채널을 운영하고 있는 김기석 입시 컨설턴트가 쓴 '대학입시 핵심전략 2021'라는 책을 주문 하였습니다. 책이 배송되자마자 한달음에 읽어 내려갔습니다. 책의 내용은 대학입시를 이해하기 위한 기본 안내서와 같은 내용이었습니다. 저자는 들어가는 말을 통해 "1등급부터 9등급까지 모든 학생이 자신에게 적합한 입시정보와 전략이 필요하다."는 것을 강조하고 있었습니다. 저자의 이러한 관점에 저는 많은 공감을 할 수 있었습니다. 우리 아이의 내신 성적은 수도권 일반고 기준 2등급대 후반이었기 때문에 학생부교과전형으로는 인서울하기 어려운 조건이었고, 학생부종합전형으로도 애매한 상황이었습니다. 내신 2등급의 커트라인은 백분위 11%라고 합니다. 말하자면 학생 100명 중에서 11등까지가 2등급 이내인 것입니다. 그러나 같은 2등급이라고 해도 소수점 둘째 자리까지 촘촘하게 구분되는 것이 내신 성적이기 때문에 2등급대 초반과 2등급대 중반, 2등급대 후반은 대학의 간판이 달라질 정도로 천지차이의 입결(입시결과)를 보여줍니다. 따라서 저는 가장 애매한 성적이라고 하는 2등급대 후반의 내신성적으로 어떻게 하면 아이가 원하는 대학에 합격할 수 있을 것인가를 고민하기 시작했습니다.

아빠님들, 저는 86세대답게 책으로 대학입시전략에 대한 기본적인 지식을 습득한 후 입시 컨설턴트들이 올려놓은 수많은 유튜브 영상들을 보면서 본격적으로 입시덕후의 길에 들어서게 됩니다. 이후 유튜브 영상들을 통해 아이의 대학입시에 대해 제가 가진 모든 궁금증을 해소하게 되었다고 해도 과언이 아닐 것입니다.

제가 처음 본 대학입시관련 유튜브 영상은 '일반고 내신 2.8등급은 수시전형에서 어떤 대학에 합격했을까?'(넥스트스쿨 강쌤)였습니다. 당시 2등급대 후반의 성적이었던 우리 아이의 대학입시를 고민하던 제게는 아주 딱(!) 이었던 영상이었습니다. 이 영상에서 소개했던 한 학생의 학생부종합전형 합격 사례는 아이의 수시카드 한 장을 인하대학교 사범대 국어교육과에 쓰는데 좋은 참고가 되었고, 결과적으로 합격을 했습니다. 이런 경우는 영상에 소개된 학생의 사례가 우리 아이와 너무나 유사했기 때문에 가능했습니다. 이외에 이 영상을 통해 학교생활기록부에 기재되어 있는 '자동봉진'(창의적 체험활동의 하위 단위로 자율활동, 동아리활동, 봉사활동, 진로활동을 의미하는 줄임말입니다.)의 중요성도 알게 되었고, 이를 어떻게 자기소개서에 녹여 낼 것인지도 감을 잡게 되었습니다. 이후 저는 'EBSi고교강의'를 비롯해서 20여개가 넘는 대학입시 관련 유튜브 채널들을 구독하면서 틈만 나면 공부를 하였습니다. 어떤 날은 유튜브 채널을 보면서 날을 꼬박 새우기도 했습니다. 아침에 눈을 뜨면 이어폰이 귀에 꽂혀 있는 날도 많았던 것 같습니다. 옛날처럼 입시 컨설팅 업체에서 주관하는 입시설명회를 쫓아다닐 필요도 없이 유튜브만 들여다보아도 아이에게 필요한 입시정보는 100% 얻어낼 수 있었습니다. 앞으로도 마찬가지일 것입니다. 이 글을 쓰고 있는 2021년 2월 중순에도 2022년 대학입시에 필요한 입시정보들이 속속 업로드되고 있습니다.

아빠님들, 무엇보다 제가 입시덕후의 세계로 푹 빠져 들게 된 것은 입시 커뮤니티 '수만휘'의 가입이 계기가 되었습니다. '수만휘'를 통해 수험생들과 동고동락을 함께 하면서 대한민국 입시 세계를 한층 더 심도 깊게 알게 되었던 것 같습니다. 수만휘 중독자라고 할 수 있을 정도로 하루에도 몇 차례씩 새로고침하면서 수만휘를 드나들었던 것 같습니다. 수만휘를 매일 들여다보면서 아이의 입시전략을 어떻게 짜야 하나를 고민했던 저는 어느 날 '문과논술게시판'에 올라온 글들을 접하게 되었습니다. 사실 이때까지만 해도 저는 아이의 수시원서 6장을 모두 학생부교과전형이나 학생부종합전형에 써야 한다는 생각을 가지고 있었습니다. 논술전형에 대한 정보가 없었기 때문이죠. 그러나 수만휘 '문과논술게시판'에 올라온 수험생들의 고민을 접하면서 논술전형에 대한 관심이 생겼습니다. 지금 생각해 보면 수만휘가 우리 아이의 연세대학교 논술전형 합격의 일등공신이었습니다. 최종적으로 저는 우리 아이 수시원서 6장을 학생부종합전형으로 3장, 논술전형으로 3장을 썼습니다. 논술전형 3장은 연세대학교, 홍익대학교, 인하대학교를 넣었습니다. 나중에 수시원서전략 편에서 자세한 내용은 밝히겠지만 논술전형의 최종결과는 연세대학교는 최초합격, 인하대학교에서는 예비2번을 받았습니다. 논술전형으로 예비2번을 받은 인하대학교는 나중에 복수지원했던 학생부종합전형으로 합격을 하게 됩니다. 단언컨대

제가 수만휘를 통해 입시덕후가 되지 않았더라면 이러한 결과를 얻어낼 수는 없었을 것입니다.

2017년 방영된 EBS 다큐프라임 '대학입시의 진실'에서는 한국리서치에 의뢰하여 수험생 학부모 1,500명에게 학부모 모의

고사를 실시한 적이 있습니다. 수시원서는 몇 장이고, 정시원서는 몇 장이냐는 정도의 대학입시에 대한 기본적인 정보를 묻는 설문조사 형식이었는데 평균점수 55.4점에 아빠들은 52.7점으로 평균 이하를 기록하였습니다. 지금도 크게 사정은 달라지지 않았을 것입니다. 아빠님들, 이렇게 되어서는 우리 아이를 원하는 대학에 보낼 수 없다고 생각합니다. 고3, 단 1년 만이라도 입시덕후가 되겠다는 결심을 할 수 있다면 그 순간부터 우리 아이들이 들어갈 대학은 달라질 것이라고 확신합니다. 입시덕후가 되는 길은 결코 어렵지 않습니다.

2장

# 아빠표 입시컨설팅 I
# 입시정보

# 아빠표 입시컨설팅 I
# - 입시정보

## 입시컨설팅, 받아야 하나?

2017년 EBS 다큐프라임에서 '대학입시의 진실'이라는 프로그램을 통해 대학입시컨설팅에 대한 내용이 방영된 적이 있었습니다. 당시 프로그램을 통해 밝혀진 충격적인 사실은 대학입시 수시컨설팅 가격이었습니다. 고등학교 1학년부터 컨설팅을 받으면 1,000만원이고, 좀 상세하게 받으면 배로 뛴다는 내용이었습니다. 일종의 수시컨설팅으로 학생부 관리 비용이라고 했습니다. 3년간 이러한 컨설팅을 받으면 약 3,000만원이라는 엄청난 비용이 발생하는 셈입니다. 대학 4년간의 등록금에 해당되는 금액입니다. 아빠님들, 입시컨설팅 업계에서 루머처럼 전해지는 이러한 내용은 과연 사실일까요? 제가 생각하기엔 '아니 땐 굴뚝에 연기 날까?'라는 속담도 있듯이 없었던 일이 사실처럼 돌아다니진 않을 것 같습니다. 그렇다면 몇 천만 원짜리 입시컨설팅의 내용이 궁금해지는데요. 공신닷컴으로 유명한 강성태씨는 '대학입시의 진실'(참고로 이 프로그램 내용은 책으로도 발간되었습니다.)을 참고로 자신이 운영하는 유튜브 채널을 통해 이렇게 밝히고 있습니다. 제목은 '충격적인 수시컨설팅 업체의 가격과 진실'이었습니다.

"여기 제작진이 컨설팅업체를 찾아 갔어요. 종류에 따라 다른데, 1학년 때부터 컨설팅을 받으면 1년에 1,000만원, 좀 더 디테일하게 들어가면 더 비싸지는데요. 1,500만원, 더 들어가면 2,000만원. 그 이상이 또 있어요. 비용을 더 내면 컨설팅의 질이 달라진다는 거예요. 다른 업체를 찾아갔어요. 동아리 활동에 특화된 곳인데 동아리 활동 컨설팅을 받은 다음에 활동을 하고, 또 그걸 책으로 내면 학생부가 차별화된다고 홍보하는 곳 이예요. 더 나가서는 그런 활동을 기사로 띄울 수가 있는데, 그 기사로 나올 수 있게 홍보하는 전문가까지 같이 작업을 하는 거로 하면 3,400만 원 이래요. 또 다른 업체 찾아 갔어요. 여기는 SKY

출신 석사 이상의 사람들. 외부 인사들을 데리고 컨설팅을 해준 다는 거예요. 스토리 라인 잡아주는 거. 원서 냈는데 이걸 대학 에서 걸러낸다? 걱정을 할 필요가 없다는 거예요. 다른 학생 거 그대로 복사해 주는 것도 아니고 대신 써주잖아요? 그거 또한 알아낼 수가 없다는 거예요. 그리고 이 책에서 그런 컨설팅을 받 아본 학생의 이야기가 또 나와요. 가면은 진로를 딱 정해 준대 요. 그리고 생기부를 보고 3개 정도의 옵션, 이 중에 정해. 이런 진로 괜찮고, 넌 이런 진로가 괜찮아. 정해주는 거예요. 근데 이 걸 받은 학생도 인정하는 게 뭐냐면 어차피 교실에서 선생님들 이 세세하게 봐줄 시간이 없다는 거예요. 학교에서 받을 수 없으 니까. 컨설팅을 찾아갈 수밖에 없었다는 거죠."

공신닷컴 강성태씨는 '대학입시의 진실'에 소개된 입시컨설 팅 업계의 현실에 대해 개탄을 금치 못하고 있는데요. 지금도 별 반 다르지 않은 일들이 일어나고 있다고 암시하는 듯했습니다. 이쯤 해서 저는 2018년 JTBC에서 방영했던 'SKY캐슬'이란 드 라마가 생각났습니다. 이 드라마에서는 아예 입시 코디라는 쓰 앵님이 등장해서 소수의 학생을 1:1로 맞춤 지도하고, 컨설팅 비용은 부르는 게 값입니다. 가히 고액 입시컨설팅 업계의 최고 봉이라고 할 수 있을 것 같습니다. 저도 이 드라마를 보면서 씁

쓸함을 감출 수 없었던 기억이 납니다. 각설하고, 아빠님들에게 제가 드리고 싶은 말씀은 이러한 고액 입시컨설팅은 받을 필요도 없고, 또 받으면 불법이기 때문입니다. 전국 지역 교육지원청별 진학상담·지도교습비 조정기준액을 보면 강남서초교육지원청의 경우, 1분당 5,000원으로 되어 있습니다. 시간당 30만 원인데, 물론 이 금액도 적은 돈은 아니죠. 입시컨설팅 업계가 모여 있는 강남서초 지역의 특수성을 고려한 금액이라고 해도 계약서를 어떻게 작성하느냐에 따라 컨설팅 비용은 회당 수백만 원을 넘어갈 수 있는 여지가 있습니다. 입시컨설팅은 크게 수시컨설팅, 정시컨설팅으로 나눌 수 있고 수시컨설팅은 학생부종합컨설팅, 자기소개서컨설팅, 원서전략컨설팅으로 세분화될 수 있습니다. 보통 입시컨설팅을 받는다고 하면 수시컨설팅을 의미합니다. '수만휘' 게시판에 어떤 수험생 학부모님께서 "고3, 3학년 학종(학생부종합) 관리를 위해 컨설팅을 받아볼까 하는데 한 학기를 120만 원에 해준다고 합니다. 금액이 큰데 도움이 될까요?"라는 질문을 하였는데, 보통 이런 경우가 수시컨설팅 중 학생부종합컨설팅에 해당됩니다. 위 질문에 대해 제가 아빠표 입시컨설팅 입장에서 대답을 해본다면 (입시컨설팅을 꼭 받고 싶다면) 학생과 학부모님께서 준비를 철저히 해서 년 1회 정도

받는 것은 나쁘지 않을 것 같습니다. 먼저 우리 아이의 학교생활기록부를 꼼꼼히 들여다보는 것이 우선입니다. 학생부에 어떤 내용이 기재되어 있는지도 모르고 입시컨설팅 회사를 무작정 찾아가는 것은 서로에게 시간낭비가 될 가능성이 높기 때문입니다. 위 학부모님께서 주신 질문의 경우에는 고1, 고2의 학생부 기재 사항이 다 채워졌다고 하더라도 고3 1학기가 남아 있기 때문에 부족한 부분이 무엇인지 파악하고 전략적으로 접근하는 것이 중요하다고 볼 수 있습니다. 구체적인 예를 들면 진로활동에 대한 특기사항에 대해 어떠한 방식으로 포트폴리오를 구성할 수 있을지 입시컨설팅 업체와 집중적인 상담을 할 수 있을 것 같습니다.

〈학교생활기록부 기재요령(교육부2020)〉

[진로활동]

가. 진로활동 영역의 '특기사항'란에는 다음과 같은 사항을 참고하여 실제적인 활동과 역할 위주로 입력한다.

　　1) 특기·진로희망과 관련된 학생의 자질, 학생이 수행한 노력과 활동

　　2) 학생의 특기·진로를 돕기 위해 학교와 학생이 수행한 활동과 결과

3) 학생·학부모와 진로상담을 한 결과

4) 학생의 활동 참여도, 활동 의욕, 태도의 변화 등 진로활동과 관련
된 내용

5) 학급담임교사, 상담교사, 교과담당교사, 진로전담교사의 상담 및
권고 내용

나. 학생의 학업진로, 직업진로에 대한 계획서, 진로와 관련된 각종 검
사를 바탕으로 특기사항을 입력할 수 있다.

위 진로활동에 대한 선생님들의 학교생활기록부 기재요령을 참고하면 고3 한 학기 동안 독서활동이나 봉사활동 등에 대해서도 입시컨설팅 업체에서 어떠한 전략적 조언을 받아야 할지 미리 상담항목을 정해갈 수 있을 것 같습니다. 우리 아이의 경우에는 고3 1학기의 학교생활기록부 기재가 다 끝난 상황이었기 때문에 학생부종합컨설팅을 따로 받을 생각은 애초에 하지도 않았습니다. 그런데 자기소개서 컨설팅의 경우에는 잠깐 유혹이 느껴지기도 했습니다. 우리 아이는 수시전형에 올인을 할 생각을 했기 때문에 자기소개서 작성이 매우 중요했기 때문입니다. 그러나 우리 아이를 잘 알지도 못하는 자기소개서 컨설팅 업체

에 맡겨 자기소개서 첨삭을 받는다는 것이 마음에 들지 않았습니다. 결국 한 달여에 걸쳐 아이와 함께 자기소개서를 완성하게 됩니다. 나중에 아이가 어떤 친구는 200만원을 주고 자기소개서 컨설팅업체의 도움을 받아 자기소개서를 작성했다고 하는데 결과가 별로 좋지 않았다고 말하는 것을 들으면서 제 판단이 옳았음을 알 수 있었습니다.

아빠님들, 저는 아이와 함께 하는 아빠표 입시컨설팅이야말로 불법적인 고액 입시컨설팅보다 더 효과적인 입시컨설팅이라고 생각합니다. 아이를 제일 잘 아는 사람은 우리 학부모님들이기 때문입니다. 그래도 꼭 입시컨설팅을 받아 보고 싶다는 분들은 학기 초에 년 1회, 합법적인 상담료를 받는 업체를 찾아 가시기를 권해드립니다.

# 아빠표 입시컨설팅 *핵심체크* ①

▶ 입시컨설팅은 대개 수시컨설팅을 의미하는데 학생부종합컨설팅,
자기소개서컨설팅, 원서전략컨설팅으로 세분화됩니다.

▶ 이 중 학생부종합컨설팅을 받고싶다면
가급적 년1회 정도, 학년 초에 받는 것이 좋습니다.

▶ 입시컨설팅의 상담료는 강남·서초 기준
1분당 5,000원, 시간당 30만 원으로 책정되어 있습니다.

▶ 입시컨설팅을 받기 전에 반드시 우리 아이의 학교생할기록부를
상세하게 분석해서 준비해야 합니다.

## 저는 이렇게 대학입시정보를 구했습니다

우리 아이의 현재의 위치를 파악하기 위해 학기 초에 년 1회 정도는 합법적인 입시컨설팅 업체를 이용할 수도 있다는 말씀을 드려놓고 고민이 됐습니다. 우리 아이의 입시컨설팅을 받는다는 것은 효과적인 입시전략을 수립하는 데 도움이 되는 목적을 가지고 있습니다. 그런데 수험생 학부모님들이 입시정보에 대해 1도 모르는 상태에서 입시컨설팅 업체를 찾아 입시컨설팅을 받는다는 것은 시간낭비, 돈낭비가 될 공산이 크다고 볼 수 있습니다. '대학입시 핵심전략 2021'이란 책을 쓴 김기석씨는 입시컨설팅의 효용에 대해 ① 빅데이터인 입시정보 조사에 대한 부담감 해소, ② 전문성 있는 입시정보 조사, ③ 입시에 대한 불안감 해소, ④ 시간낭비 방지 등 4가지를 들고 있습니다. 저는 이 중에서 4번 시간낭비 방지가 입시컨설팅의 효용이 제일 크다고 생각하는데요. 중요한 것은 이를 위해 사전에 학부모님들께서 어느 정도 기본적인 입시정보는 알아야 한다고 생각합니다. 이 정도의 준비 없이 고가의 입시컨설팅 서비스를 이용한다는 것은 우리 아이의 입시에 아무런 소득이 없을 수 있기 때문입니다. 따라서 제 경험을 통해 입시초보 아빠들이 초기에 어떻게 입시정보를 구할 것인가를 알려드리고자 합니다.

입시초보 아빠들이 가장 쉽게 대학입시정보를 구할 수 있는 방법은 요즘 대세인 유튜브를 이용하는 것이 효과적이라고 생각합니다. 저도 맨 처음에는 입시정보를 1도 모르는 상태에서 유튜브를 통해 입시정보를 접했습니다. 제가 주로 도움을 받았던 유튜브 입시채널은 다음과 같습니다.

※ 유튜브 채널 소개를 위한 금전거래 등은 없음을 알려드립니다.

------------------------------------------------

### ▶ 유니브클래스(YOUNIV CLASS)

유니브클래스의 서울대 출신 입시 연구원 '민영쌤의 입시꿀팁'에서는 학부모님들이 대학입시를 가장 쉽게 알려주는 유튜브 채널로 강추합니다. 저는 '민영쌤의 입시꿀팁'을 통해 대학입시정보를 핵심만 체크할 수 있었는데요. '수시/정시 필수용어 알려 드립니다', '수시 준비/시작하는 법 알려 드립니다', '대입논술 33개 대학교 다 정리 해드림', '맨날 바뀌는 입시정책 싹 다 알려 드립니다', '코로나로 바뀐 대입전형 총 정리'와 같은 콘텐츠는 대학입시정보를 처음 접하는 학부모님들께는 필수 시청 콘텐츠라고 할 수 있습니다.

## ▶ IDA입시연구소

IDA입시연구소에서는 대학별·학과별 입시분석이 특징적으로 잘 소개되고 있습니다. 2022년 입시의 핫이슈인 '2022 약대입시 핵심정리', '전 입학사정관들이 알려주는 마감 생기부 기재요령', '대학입시 이것만 알고 준비하자' 등 다양한 콘텐츠들이 소개되고 있으며, 이 밖에도 학교별 생기부 분석, 자기소개서 작성요령, 면접요령 등도 참고할 수 있습니다.

## ▶ STUDYCODE

서울대학교 컴퓨터공학과 출신 조남호 코치가 운영하고 있는 유튜브 채널로 주로 공부법과 관련된 콘텐츠를 다루고 있습니다. 우리 아이의 공부법에 대해서 보다 자세히 알고 싶다면 도움을 받을 수 있습니다.

## ▶ 넥스트스쿨 강쌤

자기소개서 컨설팅을 주력으로 하고 있는 입시컨설틴트 강쌤이 운영하고 있는 유튜브 채널입니다. 저는 우연찮은 기회에 이 채널을 접했는데, '일반고 내신 2.8등급은 수시전형에서 어떤 대학에 합격했을까?'를 보고 우리 아이를 인하대학교 국어교육과에 학생부종합전형으로 수시원서 1장을 넣어 성공했던 경험이 있습니다. 이 밖에 '인서울에 있는 대학에 가려면 어느 정도 성적이어야 합니까?', '이 영상 하나면 끝! 올해 고3은 무엇을 준비해야 하나?' 등 많은 콘텐츠가 소개되어 있습니다.

### ▶ 대입컨설팅전문방송컨쇼

약칭 '컨쇼'로 불리우는 이 유튜브 채널은 수시전형 중 학생부종합전형을 준비하는 수험생이라면 참고할만한 부분이 많이 있습니다. 저는 '수시 불합격하는 이유'라는 콘텐츠가 가장 기억에 남는데 제가 아빠표 입시컨설팅으로 수시전략을 짜는 데 도움을 많이 받았습니다. 이 밖에 '학부모특강'을 통해 학부모님들이 아이의 학교생활기록부를 분석하는데 필요한 지식들을 많이 전수하고 있습니다.

### ▶ 랑샘TV

랑샘TV는 수리논술을 준비하고 있는 수험생이라면 참고할만한 유튜브 채널입니다. '2022년 논술전형 파헤치기', '어디서도 들을 수 없는 수리논술 합격비법' 등이 소개되고 있으며 학교별 수리논술 기출문제 해설 강의도 보실 수 있어 독학 논술을 준비하는 수험생들에게도 도움이 많이 될 것 같습니다.

## ▶ 박기호 논술

일명 '대치동 논술혁명'으로 홍보하고 있는 박기호 논술 유튜브 채널은 논술전형을 준비하고 있는 수험생이라면 한 번쯤은 보셨을 것 같습니다. 각종 논술 합격생 인터뷰를 보면서 제가 우리 아이 수시 원서 중 3장을 논술전형으로 쓰도록 자극한 유튜브 채널이었습니다. '성공하는 대입전략, 이런 경우만 논술하라', '수능 없이 대학가는 방법' 등이 인상적인 콘텐츠였습니다.

## ▶ 산논술TV

산논술TV는 박기호 논술처럼 논술전형 전문 유튜브 채널입니다. 제가 우리 아이 논술전형을 준비하면서 맨 처음 본 유튜브 채널인데요. 논술전형 전문 채널답게 논술전형에 대한 팩트들이 잘 정리가 되어 있습니다. 저는 이 채널을 통해 내신 2등급 후반대의 우리 아이가 논술전형을 써야 할 이유를 알았습니다. 논술전형을 준비하고 있는 수험생들은 '산논술 오프라인 설명회 1부,2부'를 꼭 참고하시길 바랍니다.

## ▶ 입시통 NaSSem

입시통 NaSSem 유투부 채널은 대학교별 면접에 대한 전문성이 있는 유튜브 채널입니다. '전국 모든 대학 면접tip, 면접만점 비법 공개', '대입면접 보개기'와 같은 면접 대비용 콘텐츠를 참고할만하며 우리 아이가 지원할 대학교에 대한 상세한 소개 영상도 볼 만합니다.

### ▶ 채널 기라성

채널 기라성 유튜브 채널도 제가 많이 참고한 입시컨설팅 전문 채널입니다. '시간과 비용이 아깝지 않은 입시컨설팅을 받으려면', '논술, 나 혼자 한다. 1부, 2부, 3부', '수시 원서 1장은 논술이어야 한다?'와 같은 콘텐츠가 도움이 많이 되었습니다.

아빠님들, 이상 제가 대학입시정보를 도움받았던 10개의 유튜브 채널을 소개했습니다. 이러한 대학입시 전문 유튜브 채널들이 없었다면 아빠표 입시컨설팅이 아마도 불가능하지 않았을까 생각합니다. 이제는 맘만 먹으면 누구나 입시전문가가 될 수 있는 시대가 왔습니다. 핸드폰만 켜면 볼 수 있는 수많은 유튜브 입시 채널을 구독하면서 아이의 입시를 함께 준비하는 것은 어렵지 않습니다. 생업에 바쁘시겠지만 출퇴근길을 오가면서 잠깐 잠깐 유튜브 채널을 보시면 어느새 입시 전문가가 되어 있는 자신을 발견하실 수 있다고 생각합니다.

그리고 잠깐! 아빠님들, 소개해드린 유튜브 채널과 함께 한국 대학교육협의회에서 운영하는 대학입시정보 포털인 **'대학알리 미'** 와 **'대학어디가'** 를 참고하시면 좋습니다.

■ **대학알리미 - https://www.academyinfo.go.kr**

　대학알리미는 이러한 학생·학부모들에게 대학과 학과 정보를 알기 쉽도록 도움을 주기 위해서 만들어졌습니다. 교육 관련 기관의 정보공개에 관한 특례법 제6조에는 "고등교육을 실시하는 학교의 장은 그 기관이 보유·관리하고 있는 다음 각 호의 정보를 매년 1회 이상 공시하여야 한다. 이 경우 그 학교의 장은 공시정보를 교육부장관 에게 제출하여야 한다." 명시되어 있습니다. 그리고 각 호에는 학교규칙 등 학교 운영에 관한 규정, 학생 선발방법 및 일정, 전임교원 현황, 졸업 후 진학 및 취업현황 등 학생의 진로에 관한 사항 등 총 13가지의 정보를 공시하도록 했던 법이 있습니다. 이에 따라서 대학의 공시정보를 대학알리미를 통해 모든 국민들에게 공개하고 있습니다. 대학알리미에는 각 대학의 학교 운영 현황(학교 교칙, 특성화 계획 등)과 학생(성적 평가, 학교 선발 방법 등), 교육

여건(도서관 현황, 기숙사 수용 현황 등) 등을 총 14개 분야, 62개 항목, 101개 세부항목으로 나누어 대학의 정보를 제공하고 있습니다. 이러한 공시정보를 활용하면 우리 아이가 지원해야 할 대학과 학과의 정보를 손쉽게 얻을 수가 있습니다.

- **대학어디가 - https://www.adiga.kr**

  대학알리미를 통해 우리 아이가 지원하려고 하는 대학과 학과의 기본적인 정보를 얻었다면 이제는 대학어디가를 통해 우리 아이가 학생부 성적이나 모의고사 성적을 입력하면 어떤 대학을 갈 수 있는지 알아볼 차례입니다. 대학어디가에서는 학생부 성적, 수능성적, 모의고사 성적을 입력하면 대학별 전형기준으로 성적분석결과를 얻을 수 있습니다. 참고로 학생부 등급 산출은 재학생은 3학년 1학기까지, 졸업생은 3학년 2학기까지의 성적을 기준으로 제공됩니다. 예를 들면 우리 아이의 고3 1학기까지의 학생부 성적을 입력하면 지원하려고 하는 대학의 전형 기준에 따라 전년도 입시 결과를 참고하여 가이드라인을 보여주는 식인데요. 학생부종합전형이나 학생부교과전형으로 지원할 수 있는 대학들을 선택하는데 큰 도움을 받을 수 있습니다. 저 역시 대학어디가를 통해 우리 아이가의 수시전략을 짜는데 필요한 10여 개의 대학입시정보를 손쉽게 확인할 수 있었습니다. 또한 대학입시정보 외에 학과 선택에 따른 진로정보를 다양하게 제공하고 있다는 점도 좋은 것 같습니다.

## 아빠표 입시컨설팅 핵심체크 ②

▶ 입시초보 아빠들이 입시정보를 손쉽게 구할 수 있는 방법은
대학입시 전문 유튜브 채널입니다.
제가 열거한 10개의 유튜브 채널로 시작하시면 좋습니다.

▶ 한국대학교육협의회에서 운영하는 대학입시정보포탈
'대학알리미'(https://www.academyinfo.go.kr)를 통해
우리 아이가 원하는 대학과 학과의 정보를 알아보고,
'대학어디가'(https://www.adiga.kr)를 통해 우리 아이의
수시전략을 짜볼 수 있습니다.

## 수만휘와의 대화

수험생들의 입시 커뮤니티 사이트 '수만휘'('수능날 만점 시험지를 휘날리자'의 약칭)를 구글에서 검색하면 "2004년에 개설된 카페입니다. 입시 관련 검색을 하시다 보면 항상 답을 구할 수 있는 카페이기도 합니다. 살다 보면 전문가에게서 얻는 답보다 경험자에게서 얻는 답이 유용할 때가 있습니다."라고 쓰여 있습니다. 아마도 아빠님들이 수만휘에 가입해 활동하게 되면 이 말이 무척이나 실감이 날 것이라고 생각합니다. 저 역시 지난 2020년 7월 이후 수만휘를 수도 없이 들락달락 하면서 우리 아이의 대학입시에 필요한 정보를 얻었고, 또한 수험생, 학부모님들과 희로애락을 함께 하였습니다. '아빠표 입시컨설팅 150일의 기적'이란 이 책을 써야겠다고 결심한 계기도 수만휘에 들어오는 수많은 수험생, 학부모님들에게 희망과 격려의 메시지를 드려야겠다는 작은 소망 때문이었습니다. 저는 아빠님들에게 딱 1년 만이라도 수만휘에 가입해 활동해보시라는 말씀을 드리고 싶습니다. 수만휘에는 강호의 은둔 고수들이 많이 있습니다. 대학입시에 대해 궁금한 점이 있다면 고가의 입시컨설팅을 받지 않아도 누군가에게 해답을 즉시 구할 수 있습니다.

어느 날 수만휘에 "입시상담을 받으러 가는데 뭘 물어보면 좋을까요?"라는 수험생의 글이 올라왔습니다. 고3 수험생이 답답해서 올린 글이었겠지요. 이 질문에 대해 수만휘에서 활동하는 이안표쌤이란 분이 댓글로 답을 주셨습니다. 이안표쌤은 "가장 중요한 것은 현재의 상태를 솔직하게 다 까발려야 한다."면서 '① 희망대학 라인, ② 현재의 상태(내신, 모의고사 등), ③ 생활형태(기상에서 취침까지의 시간구성), ④ 잘 하는 과목, 잘 할 수 있는 과목, 잘 하고 싶은 과목 구분, ⑤ 각 과목별로 잘 하는 부분, 잘 할 수 있는 부분, 잘 하고 싶은 부분 구분, ⑥ 현재의 상황(1번에서 5번까지) 선택할 수 있는 최선책은?, ⑦ 6번 말고 그 다음 차선책은?, ⑧ 6번 일때는 어느 정도 대학라인 가능?, ⑨ 7번 일 때는 어느 정도 대학라인 가능?, ⑩ 기타 지금 가장 큰 문제점과 가장 시급한 고찰점은?, ⑪ 이후 수능까지의 추천 학습계획은?' 등 11개 항목에 대해서 상담할 것을 권고 했습니다. 물론 질문한 학생은 이안표쌤의 코칭을 받고 잘 준비해 갔을 것이라고 생각합니다. 이처럼 수만휘에는 기댈 곳이 없는 수험생들에게 아낌없는 도움을 주시는 강호의 고수들이 많이 있습니다. 저는 댓글을 다신 이안표쌤에게 네이버 쪽지 기능을 이용해 인사를 드렸고 제가 도움이 필요할 때마다 지금도 연락을 주고받는 사이가 되었습니다.

또 한 번은 이런 일도 있었습니다. 제가 우리 아이의 논술전형을 고민하고 있었을 때였습니다. 저는 당시에 논술전형에 대한 정보가 없었기 때문에 우리 아이의 수시 6장 중 몇 장을 논술전형에 쓸 것인지에 대한 판단이 잘 서지 않았습니다. 그러던 어느 날 수만휘에 문과논술 게시판을 둘러보다가 '문과논술'이란 별명으로 논술칼럼을 올리고 계시던 뭉술(moong_sul)님을 알게 되었습니다.(수만휘에서 moong_sul이란 아이디로 검색하면 뭉술님이 쓰신 문과논술칼럼을 보실 수 있습니다.) 저는 뭉술님이 올리신 논술칼럼 중에 '2020년 논술합격사례 분석'이라는 글을 읽어보면서 우리 아이의 수시카드 6장 중 3장을 논술전형으로 넣어야겠다는 생각을 했고, 수능 전 최저가 있는 홍익대학교와 수능 후 최저가 없는 연세대학교, 인하대학교를 선택하였습니다. 이 중에서 우리 아이는 연세대학교를 붙는 쾌거를 이루었습니다. 저는 아마도 수만휘에서 뭉술님의 논술칼럼을 읽지 않았더라면 수시카드 6장을 모두 학생부종합전형(소위 6학종)으로 썼을 것입니다. 이 자리에서나마 감사의 말씀을 올려야겠습니다. 참고로 뭉술님은 인스타그램(instagram.com/

moong_sul)을 통해 논술전형에 대한 소중한 자료를 공유하고 계십니다. 수만휘에서의 뭉술님과의 만남은 지금도 오픈채팅으로 이어져 이 책을 쓰는데 많은 도움을 받고 있습니다. 이처럼 수만휘에서는 간절히 원하면 우주(?)가 나서 도와준다는 말이 실현되는 것 같습니다. 또한, 수만휘에서 맺은 좋은 관계가 이어져 서로 시너지 효과를 발휘할 수도 있는 것 같습니다.

내친김에 수만휘에 '이지나의 입시영역'이란 교육칼럼을 쓰고 계시는 'JN컨설턴트'님을 게시판을 통해 만난 이야기도 해보겠습니다. 제가 이 책을 쓰는 동안 JN컨설턴트님이 쓰신 'SKY 보내는 부모가 따로 있다(?)'라는 글을 접하게 되었습니다. 내용 중에 "'대치동 학부모님'의 장점이 있다면, 정말로 내 아이에게 필요한 정보를 찾아서 정리하고, 그것을 토대로 아이에게 적절한 조언을 해줄 수 있다는 점입니다. 입시에 대한 지식이 부족하다면 역효과만 나겠지만, 학생보다 더 열심히 입시를 공부하고 학생 상황에 대해 정확히 이해한다면 그만큼 아이에게 좋은 상담자도 없습니다."라고 말씀하시는데, 제가 이 책을 통해서 딱 드리고 싶은 말씀이었습니다. 이 말씀 중에 따옴표를 친 '대치동 학부모님'은 누구나 될 수 있다고 생각합니다. 바로 제가 아빠표 입시컨설팅을 시작한 이유이기도 했습니다. JN컨설턴트 님은 학부모님들이 필수적으로 아셔야 하는 내용으로 ① 내 아이 학교의 학사일정, ② 입시와 관련된 기본적인 용어, ③ 현 상황에서 지원 가능 대학, ④ 학원정보, 과외선생님 정보 등을 제시하셨는데, 입시를 1도 모르는 입시초보 아빠들은 입시와 관련된 기본용어부터 익히시는 것도 좋다고 생각합니다. 이 책의 별도의 페이지에서 정리해 올리도록 하겠습니다. JN컨설턴트님의 글을 읽으면서 너무도 공감이 갔던 내용은 "제가 대치동 컨설턴트로 일하면서 컨설턴트인 제가 보기에도 '아 이 학생은 정말로 부모님이 이 대학을 보냈구나.'하는 생각이 들 정도였습니다." 라고 쓰신 부분이었습니다. 우리 아이의 대학입시에 대해서 1도 모르는 학부모님들이 아이를 좋은 대학에 보낼 수 없는 것은 너무나도 당연한 이치입니다. 저는 입시초보 아빠들이 수만휘를 통해 입시에 대한 정보를 구하고, 그 과정에서 생긴 궁금증에 대한 해답을 원한다면 수만휘에 계시는 강호의 고수님들로부터 도움을 받으실 수 있을 것이라고 장담합니다. 제가 그 과정을 직접 겪은 사람이니까요.

마지막으로 수만휘는 대나무숲 같다는 생각을 했습니다. 대나무숲에서는 누구라도 솔직한 자기 심경을 소리칠 수 있습니다. 저는 수만휘에서 대학입시를 겪고 있는 수험생, 학부모님들의 소리 없는 아우성을 온몸으로 느끼면서 위로와 격려를 주고받는 동지애를 느낄 수 있었습니다. 그래서인지 저는 우리 아이가 대학에 입학한 지금에도 쉽사리 수만휘를 떠나지 못하고 있는 것 같습니다. 수만휘에서 받은 만큼 돌려줘야 한다는 생각에 요즘도 제가 대답할 수 있는 질문에 댓글을 달곤 합니다. 얼마 전에는 경기도 일반고에 재학 중인 고3 수험생이 자신의 학교생활기록부를 봐 달라는 글을 올려서 간단한 조언을 전달하기도 했습니다. 이 학생은 교육학과를 지망하고 있어서 우리 아이를 아빠표 컨설팅한 경험을 살려 조언을 할 수 있었습니다. 앞으로도 저는 부족하나마 수만휘에서 수험생과 학부모님들을 위해 활동을 이어가기로 마음먹고 있습니다. 아빠님들, 지금 바로 수만휘에 가입해서 저와 함께 활동하시지 않으시겠습니까?

## 입시정보의 3大 천황

아빠님들, 대학민국 짬뽕의 3大 천황이라는 말은 들어본 적이 있어도 대한민국 입시정보의 3大 천황이라는 말은 처음 들어보셨을 겁니다. 물론 제가 만든 말입니다. 제가 생각하는 3大 천황은 대학별 ① 모집요강, ② 입시결과, ③ 수시가이드북(선행학습영향평가 자체평가보고서, 학생부종합전형 가이드북, 논술고사 가이드북)입니다. 저는 아빠표 입시컨설팅을 시작하면서 우리 아이의 입시전략을 세우기 위해서 유튜브 입시 채널이나 수만휘를 통해 기본적인 입시정보를 습득하는 동시에 20개 대학교의 입학처 홈페이지를 방문해서 이 자료들을 모았습니다. 노트북 바탕화면에 '입시전략'이란 폴더를 만들어 놓고 해당 학교의 모집요강, 전년도 입시결과, 수시 가이드북을 모아서 분석했습니다. 이 중 모집요강에 대해 먼저 말씀드려보겠습니다. 대학별 모집요강은 수시는 고3 4월말, 정시는 8월말에 입학처 홈페이지를 통해 공개를 하고 있습니다. 한국대학교육협의회에서 발표한 '2022년 대학입학전형 기본사항'에 나와 있는 대학별 모집요강의 편제는 다음와 같습니다.

○ 대학별 모집요강의 편제 알림

● 대학별로 발표하는 모집요강의 편제를 다음과 같이 공통화 할 것을 권

장함

### 〈대학별 모집요강 편제〉

Ⅰ. 전형요약 및 주요 사항(변경 사항)

Ⅱ. 모집단위·전공(입학정원)

Ⅲ. 전형별 모집인원

Ⅳ. 원서접수 및 전형일정, 충원합격발표 및

    등록(미등록 충원 등) 등 안내

    학생부 반영방법

Ⅴ. 세부 전형별 안내

    ○○○○○ 전형

    - 대학입학전형기본사항 유의사항

    1.모집단위 및 모집인원

    - 대학별 유의사항

    2. 지원자격

    ※수능최저학력기준

    3. 전형방법

    4. 선발원칙

5. 전형일정

6. 제출서류

※ 동점자 처리기준

Ⅴ-1.제출서류 안내사항(양식포함)

  :별첨 자료로 활용(대학 선택)

Ⅵ. 수시: 학생부 반영 방법

  정시: 수능 반영 방법, 학생부 반영 방법

Ⅶ. 지원자 유의사항

- 대학입학전형기본사항 유의사항

- 대학별 유의사항

Ⅷ. 등록포기 및 환불안내

Ⅸ. 전형료

Ⅹ. 학사안내

  (장학금, 기숙사, 학사, 취업)

대학별 모집요강은 위 편제에 따라 수십 페이지짜리 PDF나 HWP 파일로 제공이 되는데요. 우리 아이가 지원하고자 하는 해당 대학의 입학처 홈페이지에 가서 다운로드 하시면 됩니다. 참고로 아빠님들께는 우리 아이가 지원하는 해당 대학의 모집요강은 처음부터 끝까지 꼼꼼히 읽어보시는 것을 권해드립니다. 모집요강 중 꼭 체크해야 할 핵심적인 6가지 사항은 ① 지원자 격, ② 전형방법, ③ 전형일정, ④ 모집인원, ⑤ (수시인 경우) 학생부성적 반영방법, ⑥ 수능최저학력기준 등 입니다. 모집요강을 꼼꼼히 확인했다면 이번에는 전년도 입시결과를 확인할 차례입니다. 전년도 입시결과는 최소 2개년 치를 확인하는 것을 권해드립니다. 우리 아이가 2022년 대학입시를 치른다면 2020년, 2021년의 해당 대학 해당 학과의 입시 결과를 확인하시면 됩니다. 이렇게 모집요강과 전년도 입시 결과를 확인해서 저는 우리 아이가 지원했던 인하대학교의 수시카드를 다음과 같이 표로 만들었습니다.

〈우리 아이 수시카드 예시〉

| 지망 | 대학<br>(학과) | 모집<br>인원 | 전형<br>유형 | 전형방법<br>(요소별 반영비율) | 수능최저<br>학력기준 | 2020년<br>경쟁률 | 전년도<br>성적산출 | 면접/<br>논술<br>날짜 |
|---|---|---|---|---|---|---|---|---|
| 1지망 | 인하대<br>(국어교육과) | 13명 | 종합 | 1단계: 서류3배수<br>2단계: 1단계<br>성적70%+면접30% | 미적용 | 6.3 | 2.27등급<br>(평균) | 12월<br>5일 |

아빠님들도 우리 아이가 지원하려고 하는 해당 대학, 해당 학과의 모집요강과 전년도 입시 결과를 참고하여 위와 같은 수시카드를 일목요연하게 만들어 나가면 됩니다. 여기서 전형방법 중 서류는 학교생활기록부와 자기소개서를 의미하며 학생부종합전형의 경우 단계별로 최종 합격자를 선발합니다. 인하대학교의 경우, 1단계로 3배수를 뽑고, 2단계로 서류 70%, 면접 30%로 최종 합격자를 선발합니다. 학생부성적 반영방법은 국어, 영어, 수학, 탐구 과목의 평균을 1학년 20%, 2학년 40%, 3학년 40%를 반영하며 현역 재학생은 3학년 1학기까지의 성적을 재수생은 3학년 2학기까지 성적까지 반영합니다. 수능최저학력 기준은 학생부교과 전형은 국어, 영어, 수학, 탐구(1과목) 중 3개 과목 합쳐서 7등급(3합7) 이하를 받아야 하지만 학생부종합 전형은 반영하지 않습니다. 그리고 제가 면접 날짜를 수시카드에 넣은 이유는 1단계 서류를 합격하면 면접을 봐야 하는데 학생부종합전형으로 여러 학교에 1단계 합격할 경우 면접 날짜나 논술고사가 겹치지 않아야 하기 때문입니다. 사전에 꼭 확인하셔야 합니다. 그리고 입시 결과에서는 우리 아이 수시카드에 간단히 넣은 전년도 경쟁률과 평균 성적뿐만 아니라 추가합격자 예비번호, 1단계 합격자 평균 및 최저등급, 최종 등록자 평균 및 최저등급 등을 상세하게 확인하실 수 있습니다. 전년도 입시 결과를 통해 수시전략을 짜는 방법에 대해서는 제3장에서 별도로 알려드리도록 하겠습니다.

마지막으로 수시가이드북에 대해 말씀드리겠습니다. 저는 해마다 대학별로 공개하는 선행학습 영향평가 자체평가보고서, 학생부종합전형 가이드북, 논술고사 가이드북 등을 통칭해서 수시가이드북이라고 부르고 있습니다. 이 중 선행학습 영향평가 자체평가보고서는 '공교육 정상화 촉진 및 선행교육 규제에 관한 특별법' 제10조에 의거하여 발간되고 있는 보고서입니다. 이 보고서는 대학들이 실시한 논술, 면접, 구술 등의 대학별 고사가 선행학습에 어떤 영향을 주었는지에 대해 대학에서 자체적으로 평가하는 보고서입니다. 기출문제와 그에 대한 분석이 함께 공지되기 때문에 입시를 준비하는 수험생들에게는 필수 기본 참고 자료라고 볼 수 있습니다. 입시초보 아빠들은 이 선행학습 영향평가 자체평가보고서가 무엇인지, 어떻게 활용해야 할지 모르시는 분들이 많습니다. 특히 논술전형에 지원하는 경우, 논술가이드북과 함께 선행학습 영향평가 자체평가보고서를 반드시 참고하여 대학별 고사에 대비하실 것을 권해 드립니다. 이 밖에 수시가이드북으로 학생부종합전형 가이드북이 있습니다. 학생부종합전형 가이드북에는 전형자료인 학교생활기록부와 자기소개서의 평가 기준이 대학별로 게재되어 있으며 특히 자기소개서 작성요령 및 면접 합격사례 소개 등을 참고하면 우리 아이가 지원하는 대학에 맞춤형으로 대비할 수 있습니다.

# 아빠표 입시컨설팅 핵심체크 ③

▶ 대학입시정보의 3大 천황은 대학별 입학처 홈페이지에서 제공하고 있는 ① 모집요강 ② 입시결과 ③ 수시가이드북(선행학습 영향평가 자체평가보고서, 학생부종합전형 가이드북, 논술고사 가이드북)입니다.

▶ 대학별 모집요강에서 꼭 확인해야 할 핵심적인 6가지 사항은
① 지원자격 ② 전형방법 ③ 전형일정 ④ 모집인원
⑤ (수시인 경우) 학생부성적 반영방법 ⑥ 수능최저학력기준
등입니다.

▶ 대학별 입시결과는 전년도 최소 2개년 치를 확인하셔야 합니다.

▶ 대학별 모집요강과 입시결과를 활용하여 우리 아이의 수시카드를 작성해보시기 바랍니다.

# 고2 학생이 정리한 입시 은어/줄임말 사전

어느 날 수만휘 '학부모/선생님 게시판'에 접속했는데 '넉넉함'이라는 별명을 쓰시는 학부모님께서 '초보 고1 맘인데, 이게 뭔 말일까요?'라는 글을 올리셨습니다. 내용인즉슨 고등학생끼리 올린 댓글을 캡쳐해서 올리셨는데 도통 무슨 말인지 이해가 안 간다고 답답해하셨습니다. 캡쳐한 메모 내용은 이렇습니다.

"쌍윤 도전해본 사람입니다. 생윤만으로도 벅차시면 윤사 하시면 안되구요. 차라리 쌍지나 생윤 사문 추천드려요."

"현역 때 사문해봤어서 너무 타임어택이 심하드라구요. 도표도 그렇고.., 그래서 그나마 조금이라도 해본 생윤과 아예 노베인 한지 생각한 거였는데 둘 다 처음인 쌍지도 괜찮을까요?"

아빠님들은 이해가 가시나요? 저도 처음에는 수험생들이 일상으로 쓰는 입시 은어/줄임말들을 잘 이해할 수 없었습니다. 그래서 따로 정리해서 올릴까 생각하고 있었는데, 이 글을 쓰는 도중 수만휘 '학부모/선생님 게시판'에 '랄랄루04'라는 별명을 쓰시는 분이 '입시 은어/줄임말 모음'이란 글을 올리셨습니다. 내용을 읽어보니 학부모님들과 공유했으면 좋겠다는 생각이 들어 '랄랄루04'님의 허락을 얻어 게재하게 되었습니다. 알고 보니 '랄랄루04'님은 고2 학생이더군요. 입시초보 학부모님들이 답답해하시는 걸 보고 작성했다고 합니다. '랄랄루04님'께 이 자리를 빌어 감사드립니다.

## 〈대학입시 은어/줄임말 사전〉

| 분류 | 용어 | 해설 |
|---|---|---|
| 계열 | 협문 | 인문/사회계열 |
| | 광문 | 상경(경상)계열 |
| 대학교(묶음) 이름 | 스카이(SKY, 서연고) | 서울대, 연세대, 고려대 |
| | 서포카 | 서울대, 포스텍(포항공대), 카이스트 |
| | 서성한 | 서강대, 성균관대, 한양대 |
| | 중경외시 | 중앙대, 경희대, 한국외대, 시립대 |
| | 건동홍숙 | 건국대, 동국대, 홍익대, 숙명여대 |
| | 국숭세단 | 국민대, 숭실대, 세종대, 단국대 |
| | 광명상가 | 광운대, 명지대, 상명대, 가톨릭대 |

| | | |
|---|---|---|
| **대학교(묶음) 이름** | 한서삼 | 한성대, 서경대, 삼육대 |
| | 인가경 | 인천대, 가천대, 경기대 |
| | 5공 | 중앙대,시립대,인하대<br>아주대,홍익대 |
| | 이숙성덕동서 | 이화여대, 숙명여대, 성신여대,<br>덕성여대, 동덕여대, 서울여대 |
| | 삼여대 | 덕성여대 동덕여대 서울여대 |
| | 지거국 | 지방거점국립대 |
| | 과기원 | 과학기술원 |
| | 의치한약수 | 의과대학, 치의과대학,<br>한의과대학,<br>약학대학, 수의과대학 |
| **대학이름** | 샤대, 낙성대 | 서울대 |
| | 냥대 | 한양대 |
| | 설교 | 서울교대 |
| | 경교 | 경인교대 |
| | 지교 | 지방교대 |
| | 유니 | 유니스트, 울산 과기원 |
| | 디지 | 디지스트, 대구경북과기원 |
| | 지스트 | 광주 과기원 |
| | 포공 | 포항공대 |
| | 에리카 | 한양대 안산캠퍼스 |
| **학과(묶음) 이름** | 전화기(전화기컴) | 전기전자, 화학공학, 기계공학<br>(+ 컴퓨터공학) |
| | 정전기 | 전기전자, 컴퓨터공학, 기계공학 |
| | 문사철 | 문학(어문), 역사(사학), 철학 |

| | | |
|---|---|---|
| 학과이름<br>(특정대학에서<br>한 글자,<br>특정학과에서<br>한 글자 따옴) | 기공 | 기계공학 |
| | 전전 | 전기전자공학과 |
| | 화공 | 화학공학과 |
| | 융전 | 융합전자공학과 |
| | 파경 | 파이낸스경영학과 |
| | 글경 | 글로벌경영학과 |
| | 언홍영 | 언론홍보영상학부 |
| | 식영 | 식품영양학과 |
| | 문정 | 문헌정보학과 |
| | 자전 | 자유전공학부 |
| | ○교 | ○○교육과 |
| 인터넷 강의(인강)<br>관련 용어 | 듄 | ebs |
| | 메가 | 메가스터디 |
| | 대성 | 대성마이맥 |
| | 스듀 | 스카이에듀 |
| | 프패 | 프리패스 |
| | 메패 | 메가패스 |
| | 19패스 | 대성마이맥의 패스 |
| 과목이름 | 언매 | 언어와 매체 |
| | 화작 | 화법과 작문 |
| | 확통 | 확률과 통계 |
| | 미적 | 미적분 |
| | 기벡 | 기하와 벡터 |
| | 윤사 | 윤리와 사상 |
| | 생윤 | 생활과 윤리 |
| | 동사 | 동아시아사 |
| | 세사 | 세계사 |
| | 한지 | 한국지리 |
| | 세지 | 세계지리 |

| | | |
|---|---|---|
| **과목이름** | 정법 | 정치와 법 |
| | 사문 | 사회문화 |
| | 쌍윤 | 생활과윤리 + 윤리와사상 |
| | 쌍사 | 동아시아사 + 세계사 |
| | 쌍지 | 한국지리 + 세계지리 |
| | 물리 | 물리학 |
| | 생물 | 생명과학 |
| | 지구 | 지구과학 |
| **학원 선생님** | 코동욱 | 김동욱 |
| | 민철케이 | 강민철 |
| | 현윽건, 윽건이형, 야채 | 현우진 |
| | 윾머벨 | 유대종 |
| | 명학 | 이명학 |
| | 도킹 | 윤도영 |
| | nct | 임정환 |
| | 드르륵 1타 강사 | 고석용 |
| | 빡t, 투블럭거꾸로 | 한석원 |
| | 생선님, 정승제F | 정승제 |
| | 216T | 이원준 |
| **수험서** | 자이 | 자이스토리 |
| | 리로직 | 라드앤로직 |
| | 야발점 | 시발점 |
| | 강기분 | 강민철의 기출분석 |
| | 검더텅 | 마더텅 기출문제 |
| | 빨더텅 | 마더텅 실전모의고사 |
| | 훈도 | 훈련도감 |

| | | |
|---|---|---|
| 재주종합반(재종) 관련 용어 | 정시라군 | 재수종합반 중 강대, 시대 등 '대'로 끝나는 학원에 들어갈 때 자조적으로 쓰는 말 |
| | 강대 | 강남대성학원 |
| | 시대 | 시대인재학원 |
| | 강러 | 강남러셀학원 |
| | 대러 | 대치러셀학원 |
| | 분러 | 분당러셀학원 |
| | 강청 | 강남청솔학원 |
| 전형 관련 용어 | 지균 | 서울대 지역균형전형 |
| | 학우 | 고려대 학업우수형 |
| | 계적 | 고려대 계열적합형 |
| | 활우 | 연세대 활동우수형 |
| | 다빈치 | 중앙대 전형 |
| 고등학교 관련 용어 | 전사고 | 전국단위 자사고 |
| | 갓반고 | 입시성적 좋은 일반고 |
| | 평반고 | 평범한 일반고 |
| | ㅈ반고 | 수준이 낮다고 여겨지는 일반고 |
| 시험 관련 용어 | ○컷 | ○등급 커트라인 |
| | 문 열고 들어간다 | 1등으로 들어간다 |
| | 문 닫고 들어간다 | 마지막으로 들어간다 |
| | 컷 | 내신, 표준점수 몇 점까지 합격 결과 |
| | 표편 | 표준편차 |
| 수시 관련 용어 | 세특 | 세부능력특기사항 |
| | 자동봉진 | 자율활동, 동아리활동, 봉사활동, 진로활동 |
| | 최저 | 수능최저학력 |
| | 학종 | 학생부종합 |
| | 학추 | 학교장 추천 전형 |
| | 행특 | 행동특성 및 종합의견 |

| | | |
|---|---|---|
| **모의고사 관련 용어** | 모고 | 모의고사(예: 3모) |
| | 학평 | 전국연합학력평가(예: 3평) |
| | 모평 | 대학수학능력시험 모의평가(평가원) |
| | 평가원 | 한국교육과정평가원에서 내는 시험 (6월, 9월, 수능) |
| | 실모 | 실전모의고사 |
| **정시 관련 용어** | ○○러 | 특정 과목을 선택한 사람(예: 쌍사러) |
| | 여섯자리 숫자 | 순서대로 국어, 수학, 영어, 탐구1, 탐구2, 한국사 등급(예:122123) |
| | 누백 | 누적백분위(칼레식-오르비, 고속식-gs으로 나뉨) |
| | 독재 | 독학재수 |
| **정시 관련 용어** | 변표 | 변환 표준편차 |
| | 표점 | 표준점수 |
| | 평백 | 평균 백분위 |
| **지원/합불 관련 용어** | ○칸 | 진학사 모의지원 프로그램으로 확인한 합격확률 |
| | 광탈 | 광속 탈락 |
| | (수시)납치 | 정시에서 좋은 성적을 받았음에도 수시에 합격한 대학을 다녀야 하는 경우 |
| | 문 부수고 들어간다 | 여유있게 합격한 경우 |
| | 문 닫고 들어간다 | 간당 간당하게 합격한 경우 |
| | 빵꾸 | 합격 점수가 너무 낮은 경우 |
| | 스나 | 스나이핑, 낮은 점수로 높은 대학의 하위과나 빵꾸날 것 같은 학과를 지원하는 전략 |
| | 입결 | 입시결과 |
| | 점공 | 점수공개 |

| | | |
|---|---|---|
| **지원/합불 관련 용어** | 지낙, 낙지 | 진학사 |
| | 최초합 | 최초 합격 |
| | 추합 | 추가 합격 |
| **그 외 용어** | 고였다 | 특정 과목에 능통하다 혹은 그런 사람이 많은 과목 |
| | 공신 | 공부의 신 |
| | 노베 | 공부 안 해본 과목 |
| | 닥전 | 닥치고 전자 |
| | 닥후 | 닥치고 후자 |
| | 스카 | 스터디 카페 |
| | 수미잡 | 수능 미만 잡, 모의고사 성적은 의미 없다는 말 |
| | 온클 | 온라인 클래스 |
| | 인풋 | 입학하는 성적 |
| | 아웃풋 | 졸업생의 질, 취업률, 평판도 등 |
| | 자작 | 선생님이나 강사가 직접 만든 문제 |
| | 타임어택 | 시간 내에 풀기 어려운 과목 |
| | 현역 | 고3 수험생 |
| | 훌리 | 과도하게 특정 대학을 추앙하는 사람 |

3장

# 아빠표 입시컨설팅 II
# 수시전략

# 아빠표 입시컨설팅 II
# - 수시전략

## 입시 최고의 뻘짓은 무엇일까?

저는 아빠표 입시컨설팅을 시작하면서 "적어도 뻘짓은 하지 말자!"고 결심했습니다. 제가 생각하는 뻘짓은 단지 재수를 하지 않기 위해서 우리 아이가 원하지도 않은 대학, 원하지도 않은 학과에 원서를 쓰는 것이었습니다. 소신껏 지원해서 후회하지 않을 최선의 선택을 하는 것을 일단 목표로 삼았습니다. 제가 이렇게 생각하게 된 이유는 많은 학생들이 대학에 합격해 놓고도 만족하지 못해 반수나 재수, N수를 선택하는 것을 목도했기 때문입니다. 그러나 솔직히 말씀드리면 현실은 소신 지원이 무척이나 어렵습니다. 혹시나 우리 아이가 소신껏 지원한 대학에 모두 떨어졌을 때 받게 될 충격을 생각해 본다면 '적어도 뻘짓은 하지 말자'는 저의 소신이 오히려 뻘짓이 될 수도 있기 때문입니다. 우리 아이는 사범대를 지망하여 중등 교육자가 되는 것이 진로희망이었습니다. 그런데 내신 2.8등급으로는 안전하게 합격할 수 있는 인서울권 사범 대학교는 없었습니다. 고3 담임선생님은 학부모 상담에서 지방에 소재한 ○○대학교 사범대학교를 권하셨습니다. 학생부 교과로 지원해볼 수 있는 대학교이었기 때문입니다. 그러나 저나 우리 아이는 선생님께서 권하신 대학교를 선택할 수는 없었습니다. 무엇보다 우리 아이가 원하지 않았기 때문입니다. 저 역시 만약에 그 학교를 학생부교과로 붙었다고 해도 반수를 시킬 것 같았습니다. 그래서 저는 일단 수시원서 중 학생부 교과로 사범대학교를 지원하는 전략을 일단 배제하기로 했습니다. 학생부 교과를 안 쓴다고 하니까 우리 아이가 불안해하더라고요. 확실하게 붙을 수 있는 학생부 교과를 한 장도 안 쓴다고 하니 대학을 다 떨어질 수 있다는 생각이 들었나 봅니다. 보통 수시원서 6장을 쓸 때 교과를 1~2장 써서 안전장치를 걸어두곤 합니다. 학생부 종합으로 4~5장, 학생부 교과로 1~2장을 쓰게 되는 것이죠. 이를 상향, 적정, 안전 등으로 구분하여 적절히 배분하는 것입니다. 그런데 내신 2등급 후반의 애매한 성적으로는 학생부 교과로 우리 아이가 갈 수 있는 대학은 없었습니다. 인서울권 주요 대학의 입시 결과를 살펴보면 학생부 교과로 지원할 경우 1등급대의 내신을 받아야 하기 때문입니다. 일반고에서 1등급대의 내신은 전교권에 해당됩니다. 따라서 일반고에서 학생부 교과로 원하는 대학, 원하는 학과를 지원할 수 있는 학생은 전교에서 몇 명 안 된다고 볼 수 있을 것 같습니다. 이렇게 학생부 교과로 자신 있게 대학에 지원할 수 없는 학생들은 자신이 원하는 대학, 원하는 학과를 가기 위해 소위 학종러, 논술러, 정시러가 됩니다.

아빠님들, 여기서 학종러는 학종에 올인하는 학생, 논술러는 논술에 올인하는 학생, 정시러는 수능에 올인하는 학생을 말합니다. 저는 이렇게 특정 전형에 올인하는 전략도 우리 아이들이 수시 6광탈, 정시 3광탈 할 수 있는 뻘짓이라고 생각합니다. 요즘 2030 세대들도 열광하는 주식 속담에 '계란을 한 바구니에 담지 마라'는 말이 있습니다. 대학입시 역시 마찬가지라고 생각합니다. 수만휘 게시판을 보면 어떤 학생은 내신이 3~4등급이라며 수시를 포기하고 정시에 올인한다고 하더군요. 저는 이러한 생각이 대표적인 뻘짓이라고 봅니다. 2022년도 '서울 소재 상위권 15개 대학 모집정원'을 보면 정시로 학생을 뽑는 비율이 40%에 육박하지만 학생부 종합과 논술로 학생을 뽑는 비율도 45% 가까이 됩니다. 확률적으로도 40%에 올인하기 위해 45%를 버린다는 것은 말이 안 되는 것이죠. 게다가 한국교육과정평가원에서 실시하는 9월 모의평가 성적을 수능에서 유지하는 수험생 비율이 30% 정도 밖에 안 된다는 조사 결과가 있습니다. 그만큼 수능에서 예기치 못할 변수가 많다는 것을 의미합니다. 그래서 저는 우리 아이의 입시전형을 수시의 학생부종합과 논술전형, 그리고 정시 수능을 적절히 배분하기로 결정했습니다.

〈서울 소재 상위권 15개 대학 모집정원〉

| 연도 | 학생부종합 | 학생부교과 | 논술 | 실기 | 정시 |
|---|---|---|---|---|---|
| 2022 | 16,502 | 5,770 | 4,546 | 1,801 | 18,485 |
| | 35.0% | 12.2% | 9.7% | 3.8% | 39.2% |
| 2021 | 20,216 | 4,024 | 5,634 | 2,104 | 14,889 |
| | 43.1% | 8.6% | 12.0% | 4.5% | 31.8% |
| 2020 | 19,994 | 3,474 | 6,075 | 2,918 | 14,383 |
| | 42.7% | 7.4% | 13.0% | 6.2% | 30.7% |

참고로 우리 아이 대학입시가 있었던 2021년에는 전형간 비율은 학생부 종합이 43.1%, 논술이 12.0%였습니다. (서울 소재 상위권 15개 대학 기준)

아빠님들, 지금까지 저는 대학입시의 대표적인 뻘짓으로 첫째, 원하지 않은 대학에 지원하는 것, 둘째, 수시를 버리고 정시에 올인하는 것을 꼽았습니다. 마지막 뻘짓은 수시원서를 몰빵하는 것입니다. 소위 6학종, 6논술이 그것입니다. 6학종은 수시원서 6장을 모두 학생부 종합전형으로 쓰는 것이고, 6논술은 수시원서 6장을 모두 논술전형에 쓰는 것입니다. 보통 이러한 학생들을 일컬어 학종러, 논술러라고 합니다. 이러한 선택이 잘못되었다고 말할 수는 없지만 결론적으로 6광탈의 가능성을 높인다는 점에서 피할 수 있으면 피해야 한다고 생각합니다. 학생부 종합 전형이나 논술 전형은 우리 아이의 현재의 위치에서 학생부 교과나 정시 수능으로 갈 수 없는 상향의 대학교에 진학하기 위해서 보통 쓰는 전형입니다. 따라서 이러한 경우에는 계란을 한 바구니에 담지 않아야 우리 아이가 원하는 대학, 원하는 학과에 붙을 가능성이 높아질 수 있습니다. 저는 이러한 원칙에 의거하여 수시카드를 3학종, 3논술을 쓰게 됩니다. 그리고 3논술을 쓰면서 2논술은 수능최저가 없는 전형으로, 1논술은 수능최저가 있는 전형으로 쪼갰습니다. 또한 수능최저가 있는 1논술의 최저를 맞추기 위해 수능 과목 중 수학, 영어, 사탐(생활과윤리)만을 중점적으로 공부할 수 있도록 하였습니다. 결과적으로 제가 '아이와 함께 쓰는 수시 6장'을 통해 상세하게 밝히겠지만 이러한 전략은 주효하였습니다. 최종적으로 3학종에서 1개, 3논술에서 1개를 합격하고 전체적으로 1지망인 연세대학교 교육학과에 진학했기 때문입니다.

▶ 대학입시의 최고의 뻘짓은 우리 아이가 원하지도 않은 대학, 원하지도 않은 학과에 지원하는 것이다.

▶ 수시전략의 기본은 계란을 한 바구니에 담지 않는 것입니다. 소위 '몰빵전략'인 6학종, 6논술 전략은 6광탈의 가능성이 높다는 점을 기억하고 있어야 합니다.

▶ 학생부종합 전형이나 논술 전형은 우리 아이가 현재의 위치에서 학생부 교과나 정시 수능으로 갈 수 없는 한두 단계 높은 대학교에 진학하기 위해서 쓰는 전형입니다.

# 코로나 시대의 수시준비, 선택과 집중

2020년 3월부터 시작된 코로나 시대가 우리 아이 대학입시가 끝난 지금에서도 여전히 끝나지 않고 있습니다. 연세대학교 교육학부 1학년에 재학 중인 우리 아이는 대학에 들어간 것이 실감이 나지 않는다며 투덜대고 있습니다. 연세대학교가 아니라 연세사이버대학교(?)에 들어간 거 같다며 온종일 자기 방에서 온라인 수업을 듣고 있습니다. 고3 수험생들도 크게 사정은 다르지 않으리라 생각합니다. 작년 이맘때의 우리 아이도 똑 같은 사정이었습니다. 수만휘에 들어가 보니 어떤 학생은 코로나 시대에 수시 준비할 것이 마땅치 않다며 수시를 포기하고 정시에 올인하는 게 어떠냐고 질문을 올려놓았더군요. 이 질문에 대해 저는 당연히 뻘짓이라고 했습니다. 내가 어려우면 남들도 어렵다는 것을 생각하고 위기를 기회로 바꾸는 노력이 필요하다고 답변하였습니다. 그럼 코로나 시대의 수시준비, 과연 어떻게 해야 할까요? 작년과는 달리 올해 수시는 몇 가지 변화가 있습니다. 첫째, 학생부 기재사항의 변화입니다. 눈에 띄는 항목은 '교과 외 영역'에서 교내 수상을 학기당 1건(3년간 6건)만 대입에 반영한다는 것과 자율동아리는 연간 1개만 기재할 수 있다는 것입니다. 또한, 진로희망분야를 대입에 반영하지 않는다는 내용도 포함되어 있습니다.

〈학생부 주요항목 내 '교과외 영역' 기록 개선사항〉

| 대상 | | 전 고3<br>(2021학년도 대입 반영) |
|---|---|---|
| ①교과활동 | | 과목당 500자 |
| | | 방과후학교 활동 내용 기재 |
| ②종합의견 | | 연간 500자 |
| ③교과<br>외 활동 | 자율활동 | 연간 500자 |
| | 동아리활동 | 연간 500자 |
| | | 제한 없음 |
| | | 단체명, 활동 내용 기재 |
| | | 동아리, 교과세부능력 및 특기사항란에 기재 |
| | 봉사활동 | 연간 500자 |
| | 진로활동 | 연간 700자 |
| | | 진로희망, 희망사유 입력 |
| | 수상경력 | 모든 교내 수상 |
| | 독서활동 | 도서명과 저자만 기재 |

| 대상 | 현 고3, 고2<br>(2022~2023학년도 대입 반영) | | |
|---|---|---|---|
| ①교과활동 | 과목당 500자 현행 유지 | | |
| | 방과후학교 활동 내용 미기재 | | |
| ②종합의견 | 연간 500자 | | |
| ③교과<br>외 활동 | 자율활동 | 연간 500자 | |
| | 동아리활동 | 연간 500자 | |
| | | 자율동아리는 연간 1개만 기재 | |
| | | 청소년단체활동은 단체명만 기재 | |
| | | 소논문 기재 금지 | |
| | 봉사활동 | 특기사항 미기재 | |
| | | 교내·외 봉사활동 실적 기재 | |
| | 진로활동 | 연간 700자 | |
| | | 진로희망분야 대입 미반영 | |
| | 수상경력 | 교내 수상 학기당 1건만(3년간 6건) 대입 반영 | |
| | 독서활동 | 현행 유지 | |

출처: 대입제도 공정성 강화방안, 2020.3.24.

코로나 시대로 인해 이같이 '교과 외 영역' 기재사항이 축소되었지만 오히려 비중은 더 늘어났다고 볼 수 있을 것 같습니다. 따라서 '선택과 집중' 전략을 선택할 필요가 있습니다. 제가 권하고 싶은 '선택과 집중' 전략은 '전공적합성'과 집중적으로 연계하는 것입니다. 입학사정관의 입장에서 생각해 보면 학기당 1 건인 수상실적과 연간 1개밖에 기재할 수밖에 없는 자율동아리 활동이 얼마나 깊게 전공적합성과 연계가 되어 있는지를 볼 것입니다. 가령 어문계열을 지망하는 학생이라면 교내 글쓰기 대회 수상을 집중적으로 노려본다든지 비대면으로 특정 시간에 모여 책을 읽고, 감상을 발표하는 독서토론 동아리를 운영해본다든지 하는 것입니다. 특히나 자율동아리 활동의 경우에는 코로나 시대의 대면 독서토론 동아리의 운영의 어려움을 극복하고, 줌(ZOOM)과 같은 화상회의 솔루션을 활용하여 극복했던 사례를 강조할 수도 있을 것입니다. 여기에 자신의 전공적합성에 부합하는 책을 선정해 함께 읽는 다면 일석이조가 될 수 있겠죠. 코로나 시대라고 해서 이러한 활동을 게을리하는 것은 앞서 제가 강조했던 수시를 버리는 뻘짓을 하게 되는 것입니다. 2022 년부터 수시 학종으로 모집하는 인원이 줄어들었지만 여전히 학종은 부족한 내신을 극복하고 비교과를 챙긴다면 자신이 현재의 위치에서 못가는 대학에 합격할 수 있는 전형임을 잊지 마시기 바랍니다. 그리고 2022년도부터는 학종에서 자기소개서가 축소되기 때문에 학생생활기록부의 중요성은 더 커진다는 점을 유념해야 합니다. "수시 학생부종합전형에서 2% 부족한 생기부의 기록을 보충해 주는 역할을 하는 것은 무엇일까?"라고 물으면 대부분의 학생들은 '자기소개서'라고 답할 것입니다. 그러나 2022년도부터는 자기소개서의 공통 문항수가 3개에서 2개로 줄었고, 글자 수도 축소되었습니다. 2024년도부터는 모든 대학이 전면 폐지한다고 합니다. 이 점에 대해 우연철 진학사 입시전략연구소장은 "생기부가 그만큼 중요해졌기 때문에 본인의 학생부의 경쟁력을 꼼꼼히 따져봐야 한다."고 강조합니다. 따라서 고3 수험생을 비롯한 모든 고등학생들은 코로나 시대를 슬기롭게 헤쳐 나갈 수 있는 '선택과 집중'을 통해 맞춤형 학생부를 만들어 나가기를 기대합니다.

코로나 시대의 수시의 변화 중 두 번째로 두드러지는 것은 학생부 교과 전형으로 뽑는 인원이 늘어났다는 것입니다. 서울 소재 상위권 15개 대학 모집정원 기준으로 2021년에 비해 2022년은 무려 1746명이나 늘어났습니다. 그만큼 수시 내신의 비중이 중요해졌고 이는 일반고 학생들에게 유리한 결과로 작용할 것입니다. 따라서 내신과 비교과를 열심히 챙긴다면 일반고 학생들에게도 좋은 대학에 입학할 수 있는 기회의 문이 넓어지는 것입니다. 혹자는 코로나 시대로 인해 일반고와 특목고의 학력

격차가 벌어졌다고 하지만 이는 정시 수능의 경우 해당사항이 있을지는 몰라도 수시에서는 일반고에게도 준비 여부에 따라 좋은 대학에 들어갈 수 있는 합격의 문이 넓어졌음을 의미합니다. 그러니까 코로나 시대를 핑계로 수시를 버리고 정시 파이터(정시에 올인하는 학생)가 되는 것은 제가 앞서 말한 뻘짓이 되는 것이라고 생각합니다. 아빠님들, 코로나 시대의 수시 준비는 결코 어렵지 않습니다. 지금부터라도 우리 아이와 함께 내신은 한 등급 올리고, 비교과는 선택과 집중 전략으로 챙겨나간다면 우리 아이가 원하는 대학, 원하는 학과에 합격하는 기쁨을 맞이하실 수 있을 것이라고 생각합니다. 위기는 기회입니다!

## 아빠표 입시컨설팅 핵심체크 ⑤

▶ 2022년부터 변화된 학생부 주요항목 내 '교과외 영역' 기록 개선사항을 확인하여 우리 아이의 수시전략을 수립해야 합니다.

▶ 코로나19 시대의 수시전략의 기본은 '선택과 집중'입니다. 제가 권하고 싶은 전략은 비교과 활동을 '전공적합성'과 집중적으로 연계하는 것입니다.

▶ 코로나19를 핑계로 수시를 버리고 정시 파이터(정시에 올인하는 학생)가 되는 일은 없어야 합니다. 내신은 한 등급 올리고, 비교과는 선택과 집중한다면 좋은 결과를 얻을 수 있을 것입니다.

# 학교생활기록부를 알아보자

아빠님들, 주로 생기부로 불리우는 우리 아이 학교생활기록부를 읽어보신 적이 있으신가요? 아시다시피 학교생활기록부는 우리 아이가 학생부종합전형으로 대학에 갈 수 있는 아주 중요한 서류입니다. 학교생활기록은 초·중등 교육법 제25조와 초·중등 교육법 시행규칙에 따라 작성, 관리되고 있으며 학교생활기록부(학교생활기록부Ⅰ)와 학교생활세부사항기록부(학교생활기록부Ⅱ) 구분하고 있습니다. 우리가 보통 생기부라고 부르는 것은 학교생활세부사항기록부(학교생활기록부Ⅱ)에 해당됩니다.

---

### 초·중등 교육법
[시행 2020. 10. 20. ] [법률 제 17496호, 2020. 10. 20., 일부개정]

**제25조(학교생활기록)** ① 학교의 장은 학생의 학업성취도와 인성(人性) 등을 종합적으로 관찰·평가하여 학생지도 및 상급학교(「고등교육법」 제2조 각 호에 따른 학교를 포함한다. 이하 같다)의 학생 선발에 활용할 수 있는 다음 각 호의 자료를 교육부령으로 정하는 기준에 따라 작성·관리 하여야 한다.

1. 인적사항
2. 학적사항
3. 출결상황
4. 자격증 및 인증 취득상황
5. 교과학습 발달상황
6. 행동특성 및 종합의견
7. 그 밖에 교육목적에 필요한 범위에서 교육부령으로 정하는 사항

개정 전 고등학교 생기부는 ① 인적사항, ② 학적사항, ③ 출결사항, ④ 수상경력, ⑤ 자격증 및 인증 취득사항, ⑥ 진로희망사항, ⑦ 창의적 체험활동사항, ⑧ 교과학습 발달사항, ⑨ 독서활동사항, ⑩ 행동특성 및 종합의견으로 구성되어 있었습니다. 이번에 개정된 고등학교 생기부에는 ①번 인적사항, ②번 학적사항이 합쳐지고, ⑥번 진로희망사항이 사라져서 모두 8개의 항목으로 구성되어 있습니다. 참고로 진로희망사항은 '창의적 체험활동사항' 중 '진로활동'에 기재하게 되어 있으나 대학에는 제공되지 않은 것으로 개정되었습니다. 이밖에 달라진 점은 이미 말씀드렸듯이 수상실적은 학기당 1건(총6건), 자율동아리는 연간 1개밖에 기재할 수밖에 없습니다.

| 학년 | 창의적 체험활동상황 | | |
|---|---|---|---|
| | 영역 | 시간 | 특기사항 |
| 1 | 자율활동 | | |
| | 동아리활동 | | (자율동아리) |
| | 진로활동 | | 희망분야 ※ 상급학교 미제공 |

출처: 학교생활기록 작성 및 관리지침, (별지7) 학교생활세부사항기록부(학교생활기록부Ⅱ)

아빠님들, 그러면 이러한 생기부는 누가 작성을 하는 걸까요? 물론 학교 선생님들이 작성하시지만 교육부에서는 '학교생활기록 작성 및 관리지침'(교육부 훈령 제365호)을 정해두고 작성 주체를 명확히 하고 있습니다.

〈생기부 작성주체〉

| 항목 | | 입력주체 |
|---|---|---|
| 출결상황 특기사항 | | 학급담임교사 |
| 창의적 체험활동 상황, 영역별 특기사항 | 자율활동, 진로활동 | 학급담임교사 |
| | 동아리활동 | 해당 동아리 담당교사 |
| 교과학습발달상황 | 과목별 세부능력 및 특기사항 | 교과담당교사 |
| | 개인별 세부능력 및 특기사항 | 학급담임교사 |
| 독서활동상황 | | 교과담당교사 학급담임교사 |
| 행동특성 및 종합의견 | | 학급담임교사 |

이렇게 엄연히 우리 아이 생기부 작성 주체가 있음에도 불구하고 일부 입시컨설팅 업체에서 연간 생기부 컨설팅 비용으로 천만 원을 요구하는 곳도 있다고 합니다. 이 비용을 내면 과연

우리 아이의 생기부가 달라질 수 있을까요? 아빠님들께서는 이러한 일부 생기부 컨설팅 업체의 유혹에 현혹되지 말고 우리 아이가 성실한 학교생활을 통해 좋은 생기부가 만들어질 수 있도록 노력해야 할 것입니다. 바뀐 생기부 내용에 따라 입시를 치르게 되는 고1, 고2의 경우 아직 시간이 많이 있습니다. 생기부의 대부분의 항목들이 축소되고 간소화되었지만 유일하게 강화된 항목이 있습니다. 바로 '세부능력 및 특기사항'입니다. 줄여서 '세특'이라고 부르는데요. 단계적으로 전과목 기재가 확정되어 있습니다.

〈교과학습 발달상황〉

| 학기 | 교과 | 과목 | 단위수 | 원점수/<br>과목평균<br>(표준편차) | 성취도<br>(수강자수) | 석차등급 | 비 고 |
|---|---|---|---|---|---|---|---|
| 1 | | | | | | | |
| 2 | | | | | | | |
| 이수단위 합계 | | | | | | | |

| 과목 | 세부능력 및 특기사항 |
|---|---|
| | |

〈진로 선택 과목〉

| 학기 | 교과 | 과목 | 단위수 | 원점수/<br>과목평균 | 성취도<br>(수강자수) | 성취도별<br>분포비율 | 비고 |
|---|---|---|---|---|---|---|---|
| 1 | | | | | | | |
| 2 | | | | | | | |
| 이수단위 합계 | | | | | | | |

| 과 목 | 세부능력 및 특기사항 |
|---|---|
| | |

〈체육 · 예술〉

| 학기 | 교과 | 과목 | 단위수 | 성취도 | 비고 |
|---|---|---|---|---|---|
| 1 | | | | | |
| 2 | | | | | |
| 이수단위 합계 | | | | | |

| 과 목 | 세부능력 및 특기사항 |
|---|---|
| | |

아빠님들, 이렇게 변화하는 '세특'에 대한 대학의 평가는 우리 아이의 수시 입시에서 제일 중요한 부분이 될 가능성이 높아

특별히 신경을 써 주실 것을 당부드립니다. 참고로 교육전문뉴스인 에듀진(www.edujin.co.kr)에서는 "생기부 기록 업그레이드해주는 수업참여방법!"이라는 기사를 통해 우리 아이의 교과와 세특을 챙기는 방법에 대해 다음과 같이 조언하고 있어 소개 드립니다.

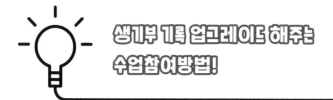

생기부 기록 업그레이드 해주는
수업참여방법!

**1. 철저한 수업준비, 복습과 예습이다.**

수업이 끝나면 바로 책을 덮지 말고, 방금 배운 내용을 전체적으로 훑어보고 중요한 포인트는 암기하고 넘어가자. 그리고 집에 돌아가서 다시 한 번 오늘 배운 내용을 숙지하고 가자. 예습은 수업 전날 내일 배울 부분을 한두 번 정독하고 가는 방식으로 하면 된다.

**2. 수업에 집중한다.**

수업에 집중하는 학생들은 선생님과 눈이 마주 치는 일을 자주 겪게 되는데, 그보다 더 자주 선생님과 눈을 마주쳐라. 눈으로 선생님과 교감하고 귀로 선생님의 수업을 들으며 손으로 노트 필기를 하는 것이다. 어떤 학생들은 고개를 푹 숙인 채 노트필기에만 열을 올리기도 한다. 수업을 듣는 건지 노트 꾸미기를 하는 건지 알 수가 없는 학생들도 있다. 주객이 전도된 것이다. 수업준비를 성실히 하고 수업에 집중해 선생님과 눈을 자주 마주치고 노트 필기도 열심히 했다면 공부의 기본을 갖췄다 할 수 있다. 이런 학생들은 금세 한 등급은 위로 올라가게 될 것이다. 내신등급 올리는 가장 중요한 비결은 기본에 충실한 것이고, 그 중심은 학교수업이다.

## 3. 질문이다.

질문은 수업 중 질문과 수업 후 질문이 있다. 수업 중 혹은 수업이 끝난 뒤에 모르는 부분을 그냥 넘어가지 않고 질문하는 것은 학종에서는 반드시 필요한 일이다. 질문은 자신의 학업에 대한 열의를 나타내 주는 수단이자 학생의 학업 역량이 어느 정도인지를 드러내주는 중요한 항목이기 때문이다. 이를 모른 채로 '내가 수업에 열심히 참여했으니 선생님이 알아서 잘 적어 주겠지'라고 생각한다면 오산이다. 적극적인 모듬 수업 참여와 수행평가에서 성실하고 정말 최선을 다한 결과물을 내는 것 역시 학생부의 기록을 좋게 하기 위한 꼭 필요한 요소이다.

〈기사출처: https://www.edujin.co.kr/news/articleView.html?idxno=35300〉

# 아빠표 입시컨설팅 *핵심체크* ⑥

▶ 개정 전 고등학교 생기부는 ① 인적사항, ② 학적사항, ③ 출결 사항, ④ 수상경력, ⑤ 자격증 및 인증 취득사항, ⑥ 진로희망 사항, ⑦ 창의적 체험활동사항, ⑧ 교과학습 발달사항, ⑨ 독서 활동사항, ⑩ 행동특성 및 종합의견으로 구성되어 있었습니다.

이번에 개정된 고등학교 생기부에는 ①번 인적사항, ②번 학 적사항이 합쳐지고, ⑥번 진로희망사항이 사라져서 모두 8개 의 항목으로 구성되어 있습니다.

▶ 생기부의 대부분의 항목들이 축소되고 간소화되었지만 유일하게 강화된 항목이 있습니다. 바로 '세부능력 및 특기사항'입니다. 대학입시 수시전형에서 가장 중요한 항목이라고 볼 수 있습니다.

▶ 생기부 기록을 업그레이드 해주는 수업참여 방법은 ① 철저한 수업준비, 복습과 예습이다. ② 수업에 집중한다. ③ 질문이다.

## 우리 아이 생기부를 털어보자!

우리 아이의 3학년 1학기까지의 내신등급은 전 과목 기준으로 2.89, 국어, 영어, 수학, 사회탐구 기준으로 2.8이었습니다. 이 등급 가지고 우리 아이가 원하는 인서울급 사범대학을 지원하기가 애매한 성적이었습니다. 그래서 우리 아이의 현재의 위치보다 상향 지원이라고 생각하는 인서울급 대학교에 학생부 종합전형으로 지원하기 위해 우리 아이의 생기부를 분석해보기 시작했습니다. 우리 아이의 생기부는 총 22장이었습니다. 수도권의 평범한 일반고 생기부로선 나름대로 괜찮은 편이라고 볼수 있습니다만 특목고나 자사고 다니는 학생의 생기부는 30장이 넘어가는 것이 흔하다고 들었습니다. 그런데 저는 생기부는 두께가 아니라 그 안에 담겨있는 질적인 내용이 중요하다고 생각합니다.

대학에서 우리 아이의 생기부를 평가하는 4가지 요소는 ① 학업역량, ② 전공적합성, ③ 인성, ④ 발전가능성이라고 합니다. 이 같은 요소는 2018년 건국대, 경희대, 연세대, 이화여대, 중앙대, 한국외대 6개 대학의 입학사정관이 '대입수요자의 요구분석을 통한 학생부종합전형 투명성 제고 방안'이라는 연구에서 밝히고 있는 부분입니다. 이 4가지 요소를 도표로 만들면 다음과 같습니다.

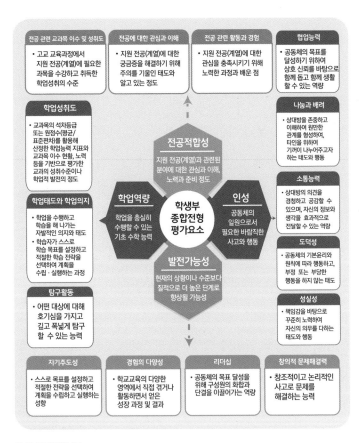

출처: 한국대학신문

아빠님들, 지금부터 위 대학에서 제시한 4가지 평가 요소를 고려하여 우리 아이의 생기부 중 의미 있는 내용이라고 생각했던 것을 아빠님들과 함께 공유하고자 합니다. 제가 우리 아이 생기부를 분석했던 방식대로 따라 해 보시는 것도 좋을 것 같습니다.

### ① 학업 역량

| 영역 | | 기록내용 |
|---|---|---|
| 수상경력 | 1학년 | • 수학또래학습경연대회 우수상(2위), 1학년 중 참가자(42명)<br>• 수학과증명왕선발대회 장려상(3위), 1학년(310명)<br>• 영어보카마스터또래학습경연대회(공동수상 2인) 장려상(3위), 1학년 중 참가자(60명) |
| | 2학년 | • 교과우수상(생활과윤리, 일본어 회화ㅣ), 수강자<br>• 교과우수상(실용국어), 수강자 |
| | 3학년 | • 수학과증명왕선발대회 장려상(3위), 3학년 중 참가자(51명)<br>• 영어보카마스터또래학습경연대회(공동수상 2인) 우수상(2위), 3학년 중 참가자(56명)<br>• 교과우수상(수학과제탐구), 수강자<br>• 교과우수상(확률과 통계, 수학과제탐구, 심화영어Ⅱ, 가정과학), 수강자 |

| | | |
|---|---|---|
| 창의적<br>체험활동 | 1학년 | • 자율활동: 학급 캠페인 부킹봉킹 프로그램에 참여하여 1학기 학급 부킹(책을 가장 많이 읽은 학생)에 선정됨. 지속적인 독서를 통해 폭넓은 시각을 가지고 현상을 파악하는 시간을 가지고 진로와 연계하여 지식을 쌓는 기회를 가짐. |
| | 2학년 | • 동아리활동: (벼리)(36시간) 자신의 흥미와 관심 분야에 맞게 성실하게 독서함. '교사도 학교가 두렵다(임기호)'를 인상 깊게 읽은 책으로 선정하여 서평을 작성함. 수업붕괴 현상을 목격하며 생긴 의문을 해소하고자 고른 책으로, 눈앞에 직면한 문제를 회피하면 언젠가 다가올 더 큰 문제에 대처할 힘을 기르지 못한다는 통찰을 담아 서평을 작성하고, 이를 공유함으로써 동아리 선후배에게 인생책을 추천함. |
| | 3학년 | • 동아리활동: (벼리)(22시간) '동물 농장(조지 오웰)'을 읽고 동물 농장이 추락한 이유에 대해 이념의 오류 때문이 아니라 지배 계층의 변절과 타락으로 인해 동물주의라는 근본이념이 제대로 실현되지 못해서라고 분석함. 독후 토론에서 '동물들의 반락이 성공적인가' 쟁점에 대해 역사적 소양을 바탕으로 의견을 발표함. 프랑스 대혁명이 완정 체제 복고에도 불구하고 혁명으로 인정되는 것처럼 동물들의 반란 역시 지배 계급이 대치되었기에 혁명이며, 이러한 성공의 경험이야말로 새로운 계기와 힘이 될 수 있음을 역설함. |

| | | |
|---|---|---|
| **세부능력 및 특기사항** | 1학년 | • 통합사회: 학교 주변 보행자 신호등이 없는 곳의 무단횡단 문제를 해결하고 신호등 설치 제안을 위한 체인지 메이커 사회참여 프로젝트(2018.04.16.~2018.06.15.)를 진행함. 성실한 자세로 조원들과 지속적으로 협의하면서 활동에 도움이 될만한 부분에 적극적으로 참여함. 경찰관을 대상으로 다양한 질문으로 인터뷰를 진행하였으며, 국민신문고 민원 접수를 위한 서명 운동에도 동참함. |
| | 2학년 | • 수학 I : 발표, 대답, 경청, 학습지, 도우미, 복습한 것 등에 따라 부여되는 칭찬도장개수를 40개 다 채웠음에도 불구하고 54개를 모음으로써 성실하고 열정적인 수업 태도를 지니고 있음. 특히, 대답을 열심히 하여 수업 분위기를 활기차게 만들어줌 |
| | 3학년 | • 확률과 통계: 호기심이 많고 이를 해결하기 위해 항상 질문하고 고민하는 자세를 보이는 학생으로 새로운 내용을 빠르게 습득하는 편은 아니나 새로운 내용을 자신이 충분히 고민한 뒤 이해하고 습득된 뒤에는 높은 이해력을 보이고 이를 이용한 문제해결력이 돋보이는 학생임. 과제 집착력이 뛰어나 어려운 문제더라도 끝까지 이해하고 풀려고 하는 끈기가 있어 종종 남들이 해결하지 못하는 문제를 해결해내는 모습을 보여줌. 생활 속에서 찾아보는 확률과 통계 활동에서는 '엥겔지수'를 주제로 택하고 국가별 엥겔지수를 조사한 뒤 엥겔지수의 분포가 정규분포와 유사함을 찾아내고 엥겔지수가 낮을수록 가계소득이 높다는 결과를 뒤집는 경우로 프랑스와 같이 식사를 중요시하는 문화권 국가를 제시함. |

①번 학업역량에서는 우리 아이의 수상경력, 창의적 체험활동, 세부능력 및 특기사항 부분을 찾아봤습니다. 학업역량 평가는 정량적 평가인 학업성취도와 정성적 평가인 학업태도와 학업의지, 탐구활동으로 이루어져 있습니다. 학업성취도에서는 내신 성적과 같은 정량적 평가가 부족하다고 느껴진다면 수상경력 등으로 보완할 수 있다고 합니다. 우리 아이가 2~3학년 때 받은 교과우수상이 좋은 사례입니다. 이 밖에 학업태도와 학업의지, 탐구활동에 해당되는 부분은 창의적 체험활동과 세부능력 및 특기사항 항목에서 내용을 발췌했는데 소위 '자기 주도성'이 잘 드러났다고 생각했습니다.

## ② 전공적합성

| 영역 | | 기록내용 |
|---|---|---|
| 수상경력 | 1학년 | • 문예공모전 최우수상(1위), 1학년(310명) |
| | 2학년 | • 같이가치학습실천대회(공동수상, 5인) 장려상(3위), 1학년 중 참가자(86명)<br>• 국어과문예공모전(문학인공모부문) 최우수상(1위), 2학년(305명) |
| | 3학년 | • 나도스타작가대회(소설부문) 장려상(2위), 전교생 중 참가자(27명) |
| 진로희망사항 | 1학년 | • 교육분야 |
| | 2학년 | • 중등 국어교사 |
| | 3학년 | • 중등교사 |

| 창의적<br>체험활동 | 1학년 | • 동아리활동: (도서부, 자율동아리) 책을 좋아하는 학생으로 도서관에도 애정을 지지고 있어, 대출 및 반납, 서가 정리, 라벨 작업 등에 성실하게 임함. 독서골든벨, 책갈피 만들기, 시에 마음을 담아 등 여러 도서관 행사에도 자발적으로 참여하여 도서관 활성화에 기여함. 특히 축제 부스의 퀴즈 진행 담당으로 직접 퀴즈를 만든 후, 관람객들에게 출제하는 역할을 즐겁게 수행함. |
|---|---|---|
| | 2학년 | • 동아리활동: (쌔미, 자율동아리) 예비교사로서 역량을 기르기 위해 교육 독서토론, 봉사활동에 정기적으로 참여하고 동아리계획을 수립하고 운영함. 교육법 만들기 활동에서 공교육의 신뢰도를 회복할 방안으로 선행학습 금지법에 대해 제안하고 교육기본법과 헌법을 되돌아보는 시간을 가짐. 모의수업 프로젝트에서는 '사랑'을 주제로 시에 관한 수업을 디자인하고 이후에 수업에 대해 피드백함. |
| | 3학년 | • 자율활동: '좁은 입구, 몰리는 교사 지망생, 미래는 막막'이라는 주제로 학급신문을 제작하여 반 친구들에게 정보를 제공하였음. 기사를 작성하기 위해 다양한 기사를 스크랩하여 정보를 수집하였고, 학교 선생님들과 인터뷰를 통해 사실감을 높였음. 기사를 작성한 계기는 자신의 진로에 대해 더 많은 정보를 수집하기 위함이며 자신과 같이 교사를 꿈꾸는 학생들에게 교직에 대한 현실적인 정보를 제공하기 위해서 기사를 작성하였음. 사범대는 증가하지만 도리어 학령인구가 감소하는 현실을 보며 정부와 대학에서 현실에 맞는 조치가 필요하다는 것을 느끼게 되었음. |

| | | |
|---|---|---|
| 세부능력 및<br>특기사항 | 1학년 | • 한국사: 일제의 강제징용에 대해 1일 교사 체험으로 급우들 앞에서 수업을 진행함. PPT를 충실히 제작하고 거의 암기하여 수업에 임하여 매끄럽게 진행하였음. 자신의 진로 희망인 교사를 간접 체험하는 경험을 해본 것으로 준비의 중요성을 깨달음. |
| | 2학년 | • 실용국어: 교사를 희망하는 학생으로 교사의 삶과 학교의 현실을 보여주는 책을 두 권 선정하여 읽으며 인상 깊은 부분과 그 이유를 꼼꼼하고 성실하게 독서 활동지에 기록함. 또한 사회적 제도나 실제 교육현장과 책의 내용을 연관지어 비판적으로 읽고, 이에 대한 자신의 주관과 견해를 논리적으로 표현하여 완성도 높은 서평 두 편을 작성하여 제출함. 특히 자신이 생각하는 올바른 교사상에 대해 깊이 고민한 내용을 표현한 부분이 인상적임. 평소 필요한 정보를 수집하고 선별하여 핵심 내용을 정확하게 파악하고, 정보에 담긴 의도를 추론하고 내용을 비판적으로 평가하는 모습을 보임. |
| | 3학년 | • 교육학: 마이크로티칭에서 경제체제와 사회체제 변천에 대한 주제로 수업을 진행함. 초기 자본주의와 후기 자본주의, 신자유주의에 이르는 변천의 과정을 짜임새 있게 요약하였으며 대학 강의를 보는 듯한 수준 높은 발표를 보여줌. 수업에 늘 집중하며 주어진 과제를 적극적으로 해결하고 깊은 성찰을 바탕으로 놀라운 결과물을 만들어 냄. 우리나라 공교육의 성과와 한계를 사회양극화, 학벌 중심의 풍토에서 비판하고 사교육을 줄이기 위한 방안을 논리적 근거를 들어 서술함. |

| | 3학년 | 전인교육에 대해 다양한 관점에서 설명하고 외국의 성공한 수업 사례를 적용할 때 우리나라의 실정에 맞게 보완해야 한다는 점을 강조하였으며 성취도에 따른 반 구성과 목표달성도에 따른 평가 기준 설정 등 구체적이고 심도 있는 글로 자신의 생각을 표현함. 학교 교육의 목적에 대해 이해하고, 교육의 내외제적 가치를 비교하여 수준 높은 글을 작성하였으며 루소 '에밀'의 일부를 읽고 우리 교육에의 시사점에 대해서 진지하게 생각하는 등 수업 전반에 놀라운 능력을 보여줌. 학교 제도가 역사적으로 어떻게 발달해 왔는지 이해하고 일제강점기 조선인 우민화 정책에 보통교육을 이용한 점을 근거로 교육의 역할에 대해 진지하게 생각하며 글을 작성함. |
|---|---|---|
| 독서활동 | 1학년 | 우리들의 일그러진 영웅(이문열) |
| | 2학년 | 교사는 무엇으로 사는가(정은균) |
| | 3학년 | 불안한 교사 양성과정(홍세화 외) |

②번 전공적합성에서는 우이 아이의 수상경력, 진로희망사항, 창의적 체험활동, 세부능력 및 특기사항, 독서활동 부분을 찾아봤습니다. 전공적합성 평가는 전공 관련 교과목 이수 및 성취도, 전공에 대한 관심과 이해, 전공 관련 활동과 경험으로 이루어져 있습니다. 우리 아이는 학종으로 국어교육과 등 사범계열을 지망하였기에 수상경력 중 문예공모전에서 1~2학년 연속

으로 최우수상(1위)을 받은 것이 전공 관련 성취도 부분에서 좋은 평가를 받을 수 있다고 생각했습니다. 인하대학교 국어교육과 면접을 볼 때도 면접관이 문예공모전 수상 부분을 콕 집어 질문을 했다고 하더군요. 세부능력 및 특기사항 중 3학년 교육학 부분은 전공에 대한 깊은 관심과 이해를 보여주고 있고, 창의적 체험활동 중 2학년 동아리활동은 전공 관련 활동과 경험을 대표적으로 잘 보여주고 있다고 판단했습니다.

### ③ 인성

| 영역 | | 기록내용 |
|------|------|----------|
| 수상경력 | 1학년 | • 효행상, 1학년(310명) |
| | 2학년 | • 봉사상, 2학년(307명) |
| | 3학년 | • 모범상, 3학년(304명) |
| 봉사활동실적 | | • (개인)스스로함께지역아동센터, 교육지원(학습지도 등), 23시간<br>• (개인)우리동네지역아동센터, 저학년 학습지도, 59시간 |
| 행동특성 및 종합의견 | 1학년 | • 학급축제부스를 계획하고 진행하는 과정에서 다양한 아이디어를 제시하고 급우들과 협력하여 부스활동을 재미있게 이끌어 감. 많은 학생들이 만족할 수 있는 부스활동을 제작하기 위해 최선을 다하였으며 운영 과정에서는 진행하는 급우들이 어려움을 겪지 않도록 배려함. 축제가 끝난 후 끝까지 남아 부스 물품 정리정돈 및 교실 청소까지 완벽하게 하여 아름답게 끝맺음을 한 점이 매우 훌륭함. |

| | | |
|---|---|---|
| | 2학년 | • 수업 태도가 바르고, 인사성도 밝아 교과 담당 선생님뿐만 아니라 교내 모든 선생님이 학생의 이름을 기억함. |
| | 3학년 | • 항상 웃는 얼굴과 유쾌한 말투, 행동으로 주변 학생들에게 인기가 있음. 붙임성과 친화력이 좋아 대인관계가 원만하며 다른 사람을 먼저 배려할 줄 아는 착한 마음씨를 지님 |

③번 인성에서는 수상경력, 봉사활동실적, 행동특성 및 종합의견 부분을 찾아봤습니다. 인성 평가는 협업능력, 나눔과 배려, 소통능력, 도덕성, 성실성 등 종합적으로 이루어져 있습니다. 우리 아이는 수상 경력에서는 1학년 효행상, 2학년 봉사상, 3학년 모범상을 수상했고, 지역아동센터에서 꾸준히 초·중등학생들의 학습지도를 했던 부분이 돋보였습니다. 지역아동센터에서의 봉사는 전체 봉사시간의 80%를 차지할 정도로 압도적이어서 진정성을 평가받을 수 있다고 생각했습니다. 이 밖에 행동특성 및 종합의견에서도 모든 선생님들이 우리 아이의 이름을 기억할 정도로 인사성이 밝다는 점도 좋은 평가를 받을만한 요소라고 판단했습니다.

## ④ 발전가능성

| 영역 | | 기록내용 |
|---|---|---|
| 창의적 체험활동 | 1학년 | • 진로활동: 사회과 필드 리서치 활동(2018.11.01.~2018.11.08.)에서 민주로드를 탐방한 '왔다. 민주야'팀의 팀원으로 남산골 한옥마을(수도경비사령부 터)에 대해 가이드 하는 역할을 맡음. 남영동 대공분실, 박종철 역사기념관을 통해 과거 많은 고문이 자행되었던 우리나라 민주주의 치부를 보게 되어 6월 민주항쟁을 더욱 생생하게 느낌. 특히, 민주주의를 이루기 위해 독재에 저항했던 사람들이 영웅이 아니라 자신과 같은 평범한 소시민이었음에 깊은 감명을 받아 민주주의를 위해 자신도 더 노력해야함을 느꼈다는 각오를 소감문을 통해 잘 표현함. |
| | 3학년 | • 동아리활동: (고로케, 자율동아리) 동아리 활동의 주제를 선정하는 등 주체적이고 열성적으로 활동에 임함. 자신의 의견을 논리적으로 설득력 있게 펼쳐 토론을 주도하는 모습이 인상적임. 다양한 토론을 통해 자신의 의견을 구조화하고 타인의 의견을 존중할 수 있는 자세를 함양하였음. |
| 세 부 능 력 및 특기사항 | 1학년 | • 과학탐구실험: 화성에서의 장기 거주 및 연구를 위한 목적으로 화성 기지 설계하기 활동에서 화성에 대해 조사한 후 지질학자, 생물학자, 헬스 트레이너, 영양사를 전문가로 구성한 태양광 설비 및 기숙사 비상 기지를 맡아 과학적 탐구력을 발휘하여 설계하고 완성도 높은 조감도를 그려냄. |

| | |
|---|---|
| 2학년 | • 수학Ⅱ : 발표, 대답 및 오류수정, 정정, 학습지, 도움 주고 받기, 복습, 선택적 과제를 한 것 등에 따라 부여되는 칭찬도장개수를 40개 다 채웠음에도 불구하고 68개를 모음으로써 학기가 끝날 때까지 꾸준하게 성실한 모습과 열정적인 수업 태도를 지속적으로 보여줌. 수업시간에 학습한 내용을 다음 수업 시간이 되기 전까지 스스로 복습노트에 정리하여 학교 공식 사이트에 올리는 활동을 꾸준히 실천한 학급 내 우수한 학생 4명 중 1명으로 착실함과 성실함이 매우 돋보임. 이 활동으로 인해 복습하는 좋은 습관을 스스로 형성하려고 노력하는 자세를 관찰하였고, 친구들의 학습의욕을 불러일으키는 역할도 톡톡히 함. |
| 3학년 | • 경제: 경제 과목에 대한 흥미가 높고 수업 시간에 적극적으로 참여하는 성실함과 과제 집중력이 돋보임. 거래자원의 희소성을 주제로 한 자율토론에서 '아이돌 콘서트 티켓은 왜 구하기 어려울까?'라는 질문을 통해 희소성과 희귀성 개념을 적용하여 분석하고, 경제문제는 희소성으로 인해 발생함을 이해하는 등 문제해결력이 돋보임. 나아가 반대 상황에 대한 사례를 스스로 찾아 정리하는 등 자기주도적인 태도와 탐구력이 돋보임. |

④번 발전가능성에서는 창의적 체험활동과 세부능력 및 특기 사항 부분을 찾아봤습니다. 발전가능성 평가는 자기주도성, 경

험의 다양성, 리더십, 창의적 문제해결능력으로 이루어져 있습니다. 말하자면 발전가능성에 대한 평가는 ①번, ②번, ③번에 대한 종합적인 평가입니다. 참고로 생기부 내용 중 동아리활동 코로케와 관련된 기재 사항이 구체성이 부족하다고 생각되어 자기소개서에서 보완하였습니다. 자기소개서에는 사회토론 동아리 고로케 활동이 코로나 때문에 대면 방식의 토론동아리 운영이 어려워지자 비대면 방식으로 운영을 제안하여 잘 마무리했던 경험을 좀 더 구체적으로 소개했습니다. 이 밖에 사회과 필드리서치 활동 '왔다. 민주야' 팀 활동을 통한 경험의 다양성을 쌓은 부분이 좋았습니다.

## 아빠와 함께 쓰는 자기소개서

2024년 대학입시부터는 자기소개서가 폐지된다고 합니다. 그러나 그때까지는 대부분의 대학교 학생부 종합전형 1단계에서 '학생부와 자기소개서'를 요구하는 한 자기소개서의 비중을 무시할 수는 없을 것입니다. 그런데 많은 학생들이 자기소개서를 쓰는데 어려움을 느끼고 있습니다. 그래서 자기소개서 컨설팅을 받는다거나 심지어는 대필 의뢰를 하는 경우도 있는 것으로 알고 있습니다. 하루는 우리 아이가 자기 친구가 꽤 많은 비용을 주고 자기소개서 컨설팅을 의뢰했다고 말하더군요. 이야기를 좀 더 들어보니 자기가 초안을 잡지도 않은 자기소개서를 의뢰했다는 것입니다. 이런 경우 자기소개서 컨설팅 업체에 자신의 학교생활기록부를 제공하고 대필을 의뢰하는 것과 마찬가지기에 불법이고, 매우 위험한 행위라고 말해준 기억이 납니다. 수험생 본인이 직접 작성하지 않은 자기소개서가 위험한 이유는 두 가지입니다. 첫째는 학생부종합전형 1단계를 통과하여 면접을 볼 때 통상 학교생활기록부와 자기소개서에 기재된 내용을 중심으로 면접관들이 질문을 하게 됩니다. 그런데 본인이 직접 작성하지 않은 내용이라면 아무리 달달 외운다 한들 제대로 대답하기 어려울 것입니다. 수많은 학생들을 면접해온 면접관들이 이를 눈치 채지 못할 수가 없습니다. 결국 이 학생은 대학별로 평가 비중이 30~40%나 되는 면접에서 좋은 점수를 얻지 못하고 불합격할 가능성이 높게 됩니다. 둘째는 유사도 검사에서 걸릴 가능성이 있습니다. 이른바 표절을 대학별 유사도 검사 프로그램을 통해 걸러내는 것인데요. 자신이 직접 쓰지 않은 자기소개서라면 유사도 검사에 걸릴 수도 있다는 것을 생각하셔야 합니다. 또 하나 자기소개서 컨설팅에는 첨삭을 해준다는 업체나 개인 전문가들이 많이 있습니다. 우리 아이 경우에도 처음에는 막막해서 크몽(KMONG)이라는 전문가 서비스 플랫폼에서 자기소개서 첨삭 서비스를 받아본 적이 있었습니다. 결과는 만족하지 않았습니다. 우리 아이의 학교생활기록부를 본 적도 없는 전문가라는 사람이 자기소개서만 보고 첨삭한 내용을 보니 매끄럽지 않은 문장들을 교열해온 정도였습니다. 마치 재료나 맛은 그대로인데 포장만 바뀐 요리와도 같았습니다. 수만 휘에 올라온 수많은 자기소개서 컨설팅 사례도 확인해보면 이와 크게 다르지 않았습니다. 이러한 이유들도 저는 우리 아이가 자기소개서를 직접 작성하는데 도움을 주기 위해 공부를 시작했습니다.

## 〈2022학년도 자기소개서 공통문항 작성 유의사항〉

| 현행(2021학년도) | 개선(2022학년도) |
|---|---|
| 1. 자기소개서는 지원자 본인이 작성하여야 하고, 사실에 입각하여 정직하게 지원자 자신의 능력이나 특성, 경험 등을 기술하여야 합니다. | 1. 자기소개서는 지원자 본인이 작성하여야 하고, 사실에 근거하여 지원자 자신의 능력이나 특성, 경험 등을 기술하여야 합니다. |
| 2. 자기소개서에 기술된 사항에 대한 사실 확인을 요청할 경우 지원자는 적극 협조하여야 합니다. | 2. 대학이 자기소개서에 기술된 사항에 대해 사실 확인을 요청하는 경우 지원자는 적극 협조하여야 합니다. |
| 3. 제출된 자기소개서는 표절, 대리 작성, 허위사실 기재, 기타 부정한 사실 등의 검증을 위해 유사도 검색을 실시하고, 해당 사실이 발견될 경우 불합격 처리되며 합격 이후라도 입학이 취소될 수 있습니다. | 3. 대학은 제출된 자기소개서의 표절, 대리 작성, 허위사실 기재, 기타 부정한 사실 등의 검증을 위해 유사도 검색을 실시하고, 해당 사실이 발견될 경우 지원자는 불합격 처리되며 합격 이후라도 입학이 취소될 수 있습니다. |
| 4. 자기소개서에 다음 사항을 기재할 경우 서류 평가에서 "0점"(또는 불합격) 처리됩니다.<br>2) 수학 · 과학 · 외국어 교과에 대한 교외 수상실적 | 4. 자기소개서에 다음 사항을 기재할 경우 서류 평가에 "0점"(또는 불합격) 처리됩니다.<br>2) 수학 · 과학 · 외국어 교과에 대한 교외 수상실적 |

| 현행(2021학년도) | 개선(2022학년도) |
|---|---|
| 5. 학생부위주전형의 자기소개서는 공교육 내에서 이루어진 활동을 작성하는 취지이므로 학교생활기록부에 기재할 수 없는 주요 항목(논문(학회지) 등재나 도서 출간, 발명특허 관련 내용, 해외활동실적, 교외 인증시험 성적 등)은 작성할 수 없고, 어학연수 등 사교육 유발요인이 큰 교외활동의 경우에도 작성이 제한되므로 이를 준수하지 않았을 경우 평가에 불이익을 받을 수 있으니, 작성을 금지합니다. | 5.학생부위주전형의 자기소개서는 공교육 내에서 이루어진 활동을 작성하는 취지이므로 학교생활기록부에 기재할 수 없는 항목[교외 수상실적, 교외 인증시험 참여 사실이나 성적, 논문 등재나 학회 발표, 도서 출간, 지식재산권(특허, 실용신안, 상표, 디자인) 출원이나 등록, 해외 활동실적 등]은 작성할 수 없고, 어학연수 등 사교육 유발요인이 큰 교외활동의 경우에도 작성이 제한됩니다. 이를 준수하지 않았을 경우 평가에서 불이익을 받을 수 있으니 작성을 금지합니다. |

대학에서 우리 아이의 학교생활기록부와 자기소개서를 통해 평가를 하려고 하는 것은 학업역량, 전공적합성, 인성, 발전가능성 4가지입니다. 2021년 기준으로 자기소개서 공통문항 ①번은 학업역량을 묻는 질문이고, ②번은 전공적합성, ③번은 인성을 묻는 질문입니다. 발전가능성은 ①번, ②번, ③번 공통문항을 통해 전체적으로 평가할 수도 있고, ④번의 대학별 자율문항을 통해서도 확인할 수도 있습니다. 이번에 바뀐 2022년도 자기소

개서 공통문항에서는 ①번과 ②번을 합쳐 ①번이 되었고, ③번은 ②번이 되었습니다. ④번 대학별 자율문항은 ③번이 되었습니다. 문항수와 글자 수가 줄어든 것 이외에는 내용상 별 차이는 없다고 볼 수 있습니다. 아빠님들, 지금부터는 제가 우리 아이와 함께 쓰는 자기소개서를 위해 어떠한 노력을 했는지 한 문항, 한 문항 살펴보면서 경험을 공유하도록 하겠습니다.

〈2022학년도 자기소개서 공통문항 신구대조표〉

| 현행(2021학년도) | 개선(2022학년도) |
|---|---|
| 1. 고등학교 재학기간 중 학업에 기울인 노력과 학습 경험을 통해, 배우고 느낀점을 중심으로 기술해 주시기 바랍니다. (띄어쓰기 포함 1,000자 이내) | 1. 고등학교 재학 기간* 중 자신의 진로와 관련하여 어떤 노력을 해왔는지 본인에게 의미 있는 학습 경험과 교내 활동을 중심으로 기술해 주시기 바랍니다. (띄어쓰기 포함 1,500자 이내) * 검정고시 출신자는 중학교 졸업 후 고등학교 재학 기간에 준하는 기간의 경험 기술 |
| 2. 고등학교 재학기간 중 본인이 의미를 두고 노력했던 교내 활동(3개 이내)을 통해 배우고 느낀점을 중심으로 기술해 주시기 바랍니다. 단, 교외 활동 중 학교장의 허락을 받고 참여한 활동은 포함됩니다. (띄어쓰기 포함 1,500자 이내) | |

| 현행(2021학년도) | 개선(2022학년도) |
|---|---|
| 3. 학교 생활 중 배려, 나눔, 협력, 갈등 관리 등을 실천한 사례를 들고, 그 과정을 통해 배우고 느낀점을 기술해 주시기 바랍니다. (띄어쓰기 포함 1,000자 이내) | 2. 고등학교 재학 기간' 중 타인과 공동체를 위해 노력한 경험과 이를 통해 배운 점을 기술해 주시기 바랍니다. (띄어쓰기 포함 800자 이내) * 검정고시 출신자는 중학교 졸업 후 고등학교 재학 기간에 준하는 기간의 경험 기술 |
| 〈자율문항〉 * 지원 동기 등 학생을 종합적으로 판단하기 위해 필요한 경우 대학별로 1개의 자율 문항을 추가하여 활용하시기 바랍니다. (글자 수는 띄어쓰기 포함 1,000자 또는 1,500자 이내로 하고 대학에서 선택) | 3. 〈자율 문항〉 필요 시 대학별로 지원 동기, 진로 계획 등의 자율 문항 1개를 추가하여 활용하시기 바랍니다. (띄어쓰기 포함 800자 이내) |

먼저 ①번 문항 "고등학교 재학 기간 중 학업에 기울인 노력과 학습 경험을 통해, 배우고 느낀 점을 중심으로 기술해 주시기 바랍니다.(띄어쓰기 포함 1,000자 이내)"은 주로 학업역량을 평가하는 질문이므로 문항 글자 그대로 '학업에 기울인 노력과 학습 경험'을 통해 '배우고 느낀 점'을 기술해야 합니다. 대학은

이 문항을 통해 우리 아이가 대학에 진학했을 때 강의를 소화할 수 있는 학습 능력을 갖추고 있는지를 확인하고자 합니다. 우리 아이는 1학년 사회 시간의 인상 깊은 학습 경험으로 '체인지 메이커' 활동을 꼽았습니다. 학습을 하게 된 문제의식은 '무단횡단이 자주 일어나는 구역의 신호등이 설치되지 않아 교통사고가 일어날 수 있다는 것'이었습니다. 우리 아이는 이를 해결하기 위해 '주민들을 대상으로 한 설문조사'와 '파출소 경찰관들을 대상으로 한 인터뷰'를 실시하여 실제로 교통사고 다발지역이라는 결론을 얻었고, 이 조사 결과를 토대로 민원을 제기하였다는 사실을 기재하였습니다. 그런데 이 조사 과정에서 무단횡단 지역에서 불과 2~3분 거리에 횡단보도가 설치되어 있는 사실을 발견하였고, 무단횡단을 하던 친구들을 상대로 추가 인터뷰를 실시하여 무단횡단을 막는 것이 단지 횡단보도를 설치하는 것 외에 그치지 않고 개개인의 도덕성 함양과 주인의식도 중요하다는 것을 느꼈다고 결론을 내렸습니다. 저는 수학과 같은 교과목에서 자신만의 공부법을 개발하여 2등급에서 1등급을 올릴 수 있었다는 학업성취 스토리를 쓰는 것이 좋다는 생각이 들어 살짝 아쉬움이 있었습니다. 그러나 우리 아이가 지역사회의 문제를 발견하고 이를 해결하기 위해 설문조사와 인터뷰 등의 방법을 통해 배우고 느꼈던 점을 쓰는 것도 좋다고 생각했기에 그대로 제출하도록 하였습니다.

②번 문항 "고등학교 재학 기간 중 본인이 의미를 두고 노력했던 교내 활동(3개 이내)을 통해 배우고 느낀 점을 중심으로 기술해 주시기 바랍니다. 단, 교외 활동 중 학교장의 허락을 받고 참여한 활동은 포함됩니다.(띄어쓰기 포함 1,500자 이내)"은 '본인이 의미를 두고 노력했던 교내활동'을 통해 '배우고 느낀 점'을 기술하는 것입니다. 대학은 이 문항을 통해 우리 아이의 전공적합성을 확인하려고 하는 깃입니다. 따라서 중등 교육자를 진로 희망으로 생각하고 있는 우리 아이는 '책쓰기 꿈의 학교' 활동을 통해 '거미'라는 소설을 쓰게 되었고, 이를 통해 여러 문예공모전에도 입상하는 등 재미를 느꼈다. 이후 더욱더 흥미를 느껴 '쌔미'라는 교육동아리 활동을 통해 교사라는 직업에 대한 꿈을 확고히 할 수 있었다는 스토리를 전개하였습니다. 여기서 중요한 점은 2개의 교내 활동을 하나의 스토리로 엮어 국어교육과로 진학하려는 우리 아이의 의지를 보여 주었다는 것입니다. 아빠님들도 전공적합성에 관련된 자기소개서의 소재를 아이와 함께 찾을 때 두세 개의 활동을 엮어서 하나의 스토리로 우리 아이

의 전공적합성이 점점 더 발전하고 심화되어 가고 있는 점을 강조한다면 좋을 것 같습니다. 가령 1학년 때는 문제의식을 가지고 동아리를 만들어 활동하다가 2학년 때는 이를 구체적으로 해결하기 위한 실천적 활동을 했다는 식으로 연결하는 것입니다. 2022년도에는 ①번과 ②번의 공통문항이 합쳐졌기 때문에 학습경험과 수상 경력까지도 함께 엮어서 한편의 서사시를 만들어 볼 수 있을 것 같습니다. 이렇게 한다면 대학으로부터 '이 학생은 다 계획이 있었구나'라는 평가를 받게 될 것입니다.

③번 문항 "학교생활 중 배려, 나눔, 협력, 갈등 관리 등을 실천한 사례를 들고, 그 과정을 통해 배우고 느낀 점을 기술해 주시기 바랍니다.(띄어쓰기 포함 1,000자 이내)"은 '배려, 나눔, 협력, 갈등 관리 등'을 실천한 사례를 통해 '배우고 느낀 점'을 기술하는 것입니다. 대학에서는 주로 우리 아이의 인성에 관한 항목을 평가하고자 하는 것입니다. 우리 아이는 3학년 때 동아리 활동인 '고로케'를 소재로 삼았습니다. 동아리 이름이 고로케인 것을 보니 동아리 회원들이 모두 고로케를 좋아했나 봅니다. 동아리 고로케는 대면 토론 동아리로 출발하였습니다. 그런데 코로나19로 인해 일상적인 활동이 불가능해졌고, 동아리는 해체

의 위기를 맞이하게 됩니다. 그래서 우리 아이는 고로케를 원격 토론이 가능한 비대면으로 전환할 것을 제안하게 되었고 동아리 활동은 무리 없이 운영되었다는 점을 강조하였습니다. ④번 대학자율문항의 구체적인 설명은 생략하도록 하겠습니다.

아빠님들, 우리 아이의 자기소개서는 우리 아이만의 구체적이고 차별화된 이야기여야만 합니다. 하루에도 수 천 명의 자기소개서를 봐야 하는 입학사정관의 눈에 들어야 하기 때문입니다. 그 소재는 우리 아이의 학교생활기록부에 이미 다 들어 있습니다. 아빠와 아이가 함께 학교생활기록부라는 광산에서 다이아몬드 원석을 캐는 심정으로 자기소개서를 쓸 소재를 발굴해야 합니다. 좋은 소재를 골랐다면 외부의 도움을 받지 않고 진솔하게 기술하는 것이 대학으로부터 좋은 평가를 받을 수 있는 지름길이라고 생각합니다. 소재를 발굴하기 위해 제가 썼던 팁을 드리자면, 학교생활기록부를 보면서 삼색 형광펜으로 각 공통문항에 해당되는 소재에 대해 다른 색깔로 표시를 해두고 표로 만들어 두는 것입니다. 저는 이 표를 우리 아이와 수시로 공유하면서 토론을 통해 소재를 확정하였습니다. 소재가 확정되었다면 가장 좋은 작성요령은 각 공통문항에 대해 첫 문장을 두괄식 표현으로 쓰는 것입니다. 'ㅇㅇㅇ 활동'을 통해 '배우고 느낀 점'을 맨 앞으로 불러와 쓰고, 그 구체적인 이유를 설명해 들어가는 방식입니다. 예를 들면 우리 아이의 경우 공통문항 ①번에 대해 첫 문장을 "1학년 사회 시간의 가장 인상 깊은 학습경험인 '체인지 메이커' 활동을 통하여 사회문제는 적극적인 의지를 가지고 행동으로 옮겨야 개선될 수 있다는 것을 배웠습니다."라고 쓰고 '체인지 메이커' 활동을 구체적으로 설명해 들어가는 방식입니다. 마지막으로 부족하지만 저와 함께 준비했던 우리 아이의 합격자소서를 공개합니다. 우리 아이는 학생부종합전형으로도 인하대학교 국어교육과를 최종 합격하였습니다.

**[ 인하대 국어교육과 합격자소서 ]**

**1. 고등학교 재학기간 중 학업에 기울인 노력과 학습경험을 통해, 배우고 느낀 점을 중심으로 기술해 주시기 바랍니다. (1000자 이내)**

　　1학년 사회시간의 가장 인상 깊은 학습경험인 '체인지 메이커' 활동을 통하여 사회문제는 적극적인 의지를 가지고 행동으로 옮겨야 개선될 수 있다는 것을 배웠습니다. 당시 저희 조는 무단횡단이 자주 일어나는 구역의 신호등 설치를 주제로 이를 해결하기 위한 방안을 물색했습니다. 지역에 거주하시는 주민분들을 대상으로 설문조사를 진행했고 근처 파출소의 경찰관분의 인터뷰를 통해서 그 지역이 사고 다발 지역임을 알 수 있었습니다. 무단횡단의 심각성과 신호등의 필요성을 확실히 인지할 수 있었고 이를 해결하기 위한 민원도 제기했습니다. 하지만 제가 이해할 수 없었던 점이 있었습니다. 바로 그 무단횡단이 성행한 그 지역에서 2~3분정도로 가까운 곳에 횡단보도가 있었단 점입니다. 전 횡단보도의 필요성과 무단횡단의 심각성에만 초점을 맞추었을 뿐, 사람들이 왜 횡단보도를 이용하지 않고 무단횡단을 하는지에 대해선 고민해보지 않았던 것입니다. 그래서 저는 무단횡단을 하던 친구들을 대상으로 개인적으로 인터뷰를 진행했습니다. 무단횡단은 크게 단속의 대상이 되지 않을 뿐더러 그 구역에 유동차량이 많지 않은 것, 그리고 귀찮음이 이유였습니다. 즉, 무단횡단의 성행은 비단 시스템만의 문제가 아닌 개개인의 도덕성의 문제이기도 했던 것입니다. 그래서 환경의 조성은 행동을 도덕적으로 유도할 뿐, 마지막 판단은 반드시 가치판단을 통해 나온다고 생각했고 이러한 문제를 해결할 수 있는 방법 중 하나로 도덕성 함양과 주인의식이 필요하다고 느꼈습니다. 환경에 좌우되지 않는 가치판단과 실천적 태도가 중요한 가치임을 깨달을 수 있었습니다. 도덕적 인간과 비도덕적 사회라는 말이 있듯이 가장 중요한 것은 정의로운 사회규범이지만 이와 더불어 정의로운 구성원들이 정의로운 사회를 만드는 것이라는 생각을 가졌고 사회가 궁극적으로 지향해야 할 가치라고 느꼈습니다.

**2. 고등학교 재학기간 중 본인이 의미를 두고 노력했던 교내활동(3개 이내)을 통해 배우고 느낀 점을 중심으로 기술해 주시기 바랍니다.**

**단, 교외활동 중 학교장의 허락을 받고 참여한 활동은 포함됩니다.**

**(1500자 이내)**

   작문활동을 통해서 가치관의 정립은 물론 소통과 존중의 가치를 배울 수 있었습니다. 생각을 논리적으로 체계화할 수 있었고, 막연하게만 느꼈던 것들을 구체적으로 표현할 수 있었습니다. 특히 생각을 표출하는 매개로써 작문은 제게 큰 의미로 다가왔습니다. 1학년 때 참여했던 경기도 주최의 '책쓰기 꿈의 학교'가 계기가 되었습니다. 친구의 권유로 참여한 이 활동에서 선생님은 새로운 것을 찾지 않아도 조금만 시각을 달리하여도 글의 소재는 많다고 하셨고, 생활 속에서 접하고 느끼는 것에 주목하라고 강조하셨습니다. 이에 저는 평소의 수동적인 생활을 반성하는 내용으로 시를 쓰고, 꿈의 학교에서 그 시를 낭독했습니다. 친구들의 시를 감상하면서 감정을 서로 공유하고 소통할 수 있었던 것이 아주 인상 깊었습니다. 이후에는 조금 더 구체적으로 제 생각을 표현하는 글을 써서 제 감정과 생각을 친구들과 나누고 소통하고 싶어졌습니다. 그래서 '거미'라는 제목의 소설을 썼습니다. 저의 과거를 떠올리며, 수동적인 생활에 대해 반성하고, 주체적인 인간으로 거듭나길 소망하는 학생에 대한 소설이었습니다. 처음 글을 썼을 때는 평면적인 인물 설명과 장황한 문장, 단조로운 구성 등 부족한 부분이 많았지만 국어 선생님께 질문을 하며 개선할 점을 고쳐나갔습니다. 글을 잘 쓰기 위해서는 좋은 글을 많이 읽어야 한다는 것, 좋은 문장을 쓰기 위해서는 하나의 문장에 한 가지 내용을 담는 간결체로 써야 한다는 것을 배웠습니다. 또한 영감이 떠오를 때마다 수시로 메모하는 습관을 통해서 소설의 내용을 더욱 풍성하게 만들 수 있었고, 이러한 노력을 통해 저의 글쓰기 실력은 빠르게 향상되었습니다. 꾸준한 글쓰기 노력은 주제에 대한 생각을 깊게 해주었고, 끈기 있는 연습 과정을 통해 저만의 문체와 표현방식을 갖게 되었습니다. 이러한 글짓기에 대한 흥미와 관심 덕분에 문예공모전을 비롯한 여러 교내 작문 대회에서 수상할 수 있었습니다. 입상을 통해 저의 글이 누군가에게 인정받았다는 기쁨을 느꼈고, 글쓰기에 대한 자신감을 굳게 가지게 되었습니다. 특히 선생님과 친구들의 칭찬과 격려가 글쓰는 기쁨을 느끼게 하였습니다. 또한 글을 쓰면서 윤리적인 문제에 대해 사유하고, 스스로를 성찰하는 시간도 가질 수 있었습니다. 무엇보다 소설을 쓴 후, 제가 수동적인 생활에서 벗어나 꿈을 위해 주체적으로 노력하게 되었다는 것이 뿌듯합니다.

이후 저는 더욱더 적극적으로 교사란 꿈에 도전하기 위해 '쌔미'라는 교육 동아리에 들어갔습니다. '쌔미'에서 교육독서토론은 물론, 교육법 만들기나 여러 가지 활동을 했었는데, 가장 인상 깊었던 활동은 모의수업프로젝트였습니다. 저는 김수영 시인의 '사랑'을 주제로 수업을 계획했습니다. 여태껏 발표와 같이 일방적인 발화만 해왔었기 때문에, 수업을 준비함에 있어서 난항을 겪었지만 같이 프로젝트를 진행한 부원들과 고문 선생님의 피드백 덕분에 모의수업을 성공적으로 마칠 수 있었습니다. 교사라는 꿈에 대해서 자신감을 갖게 해준 귀중한 경험이었습니다.

**3. 학교 생활 중 배려, 나눔, 갈등 관리 등을 실천한 사례를 들고, 그 과정을 통해 배우고 느낀 점을 기술해 주시기 바랍니다. (1000자 이내)**

동아리 리더로서 코로나19 사태에 대응하기 위해 다양한 방법을 찾아보고, 부원들 간의 의견을 조율하기 위해 노력하였습니다. 3학년 때 동아리 '고로케'를 스스로 기획하고 만들었습니다. '고로케'는 동아리 부원 간의 관심사나 흥미에 맞추어 논제를 제시하고, 이를 탐구하고 토론하는 동아리였습니다. 저희는 매주 하나의 주제를 선정하고 각 입장을 정해 토론을 했습니다. 경제를 좋아하는 친구는 미중 패권전쟁을, 교사를 꿈꾸는 저는 친일인사 작품의 교과서 채택을 논제로 발의하기도 하였습니다. 하지만 코로나19 바이러스 때문에 더 이상 동아리 회의나 토론을 이어갈 수 없었고, 결국 동아리 활동은 지지부진하게 되었습니다. 동아리 부원들과 의견교환이 원활하지 않아 초기에 세웠던 계획을 제대로 지키지 못했고, 정기적인 모임도 이루어지지 못하고 시간이 되는대로 급급하게 흘러갔습니다. 이 과정에서 불확실한 일정에 대해 동아리 부원들의 의견이 분분했고 갈등이 생겼습니다. 계획을 밀어붙이는 것은 코로나 19로 인해서 힘든 상황에서 더 부담을 준다는 의견이 있었습니다. 한편, 동아리 운영을 포기하는 것은 동아리 활동에 대한 기대가 있는 부원들에게 더욱 폐를 끼치는 것이라는 생각이 들었습니다. 이 상황을 해결하기 위해 먼저 부원들에게 일정조율을 합리적으로 하지 못한 것에 대해 사과하였습니다. 또한 부원들 각 사람의 의견을 모두 들어보고 최대한 반영할 수 있도록 동아리 운영방향을 수정했습니다. 이처럼 저는 실천력 있는 리더로 거듭나겠다는 일념으로 동아리의 문제점을 개선하였습니다. 기존의 대면토론 방식을 공간에 구애받지 않는 원격토론으로 바꾸었습니다. 비대면 수업을 진행하셨던 선생님의 조언을 적극적으로 구해 원격토론이 원활하게 이루어지도록 하였습니다. 부원들도 원격수업에 익숙해져 있던 터라 수월하게 원격토론을 진행할 수 있었습니다. 또한 부원들 각자의 사정에 따라 일정을 자유롭게 조정할 수 있었고, 많은 부원들의 요구사항을 충족시킬 수 있게 되어 동아리 활동이 활기를 되찾았습니다. 이처럼 동아리 내부의 갈등과 문제가 해결되자 자연스럽게 모두 열정적으로 참여하게 되었고, 성공적으로 동아리 활동을 마무리하였습니다.

**4. 희망전공에 지원하게 된 동기와 준비과정을 기술해 주시기 바랍니다. (1000자 내외)**

국어의 재미와 효용을 알려주는 국어교사가 되고자 인하대 국어교육과에 지원하게 되었습니다. 문학은 제게 있어서 언제나 지침이 되었습니다. 문학을 통해서 스스로를 성찰할 수 있었고 다른 사람의 생각과 가치관을 공감하고 존중할 수 있었습니다. 독단적이고 편협한 사고방식을 전환하고 관용적 자세를 취할 수 있게 했다는 점에서 문학은 저를 더 나은 인간으로 완전히 바꿔놓았습니다. 저는 이런 문학을 다른 친구들과 공유하고 소통하고 싶습니다. 그러나 글을 읽는 것은 많은 힘을 소모하기 때문에, 어떤 친구들은 문학을 등한시하고 이해하는 것에 어려움을 겪기도 합니다. 그래서 저는 학생들에게 글을 읽고 쓰는 것에 힘을 보태주고 싶습니다. 또한 더 나아가 훌륭한 국어 교사가 되어 지역사회와 한국어교육의 발전에 기여하고 싶습니다.

교사에게 학생의 선행지식이나 특성을 파악하는 것도 중요하지만 근본적으로 정보나 기술을 전달하는 능력이 가장 중요하다고 생각합니다. 따라서 교수가 이루어지기 위해선 발표능력이 필수불가결하다고 느꼈습니다. 그래서 나의 꿈 말하기 대회를 비롯한 많은 발표 구술 대회에 참여했고 타 교과 시간의 발표 수업에도 열정적으로 임했습니다. 그 중에서도 가장 기억에 남았던 것은 3학년 교육학 시간의 마이크로티칭이었습니다. 마이크로티칭은 하나의 주제를 정해서 같이 수업을 듣는 학생들을 대상으로 모의수업을 하는 것이었습니다. 화법과 작문 시간에 최인훈 작가의 '광장'을 읽으면서 남북의 경제사상에 대해서 호기심을 가졌고 그래서 경제사상의 변천을 주제로 마이크로티칭을 진행하게 되었습니다. 채사장 작가의 '지적대화를 위한 넓

고 얕은 지식 1'을 읽으면서 신자유주의까지 이어지는 경제사
상의 흐름을 알 수 있었고 수업 준비를 할 수 있었습니다. 마이
크로티칭을 하면서 교육학 선생님의 피드백을 받고 발표능력을
기를 수 있었고 뿐만 아니라 독서를 통한 지식습득 또한 체감할
수 있었습니다.

**아빠표 입시컨설팅 핵심체크 ⑦**

▶ 대학에서 우리 아이의 생기부를 평가하는 4가지 요소는
  ① 학업역량, ② 전공적합성, ③ 인성, ④ 발전가능성입니다.

▶ 우리 아이의 자기소개서는 우리 아이만의 구체적이고 차별화된
  이야기여야만 합니다. 그 소재는 우리 아이의 학교생활기록부에
  이미 다 들어 있습니다. 아빠와 아이가 함께 학교생활기록부라
  는 광산에서 다이아몬드 원석을 캐는 심정으로 자기소개서를
  쓸 소재를 발굴해야 합니다.

## 아빠와 함께 준비하는 면접

수시 학종은 참 준비할 것이 많습니다. 생기부, 자기소개서, 면접 등 어느 하나 소홀히 할 수 없기 때문입니다. 아시다시피 학종은 1단계로 서류(생기부+자기소개서) 평가로 3~4배수를 뽑고, 2단계는 1단계 성적 70%와 면접 30%를 합쳐 100% 종합 평가를 하는 경우가 많습니다. 우리 아이도 학종으로 지원한 인하대 국어교육과, 인천대 윤리교육과를 1단계 합격하여 2단계 면접을 봤습니다. 보통 10분 내외로 이루어지는 면접 평가로 1단계 성적이 좀 떨어져도 역전할 가능성이 30% 이상이 된다고 합니다. 따라서 면접 준비를 철저히 하는 수밖에 없습니다. 저는 우리 아이와 함께 수시원서 접수를 끝내고 틈틈이 면접 준비를 함께 했습니다. 면접 준비의 출발은 우리 아이가 지원한 대학에서 발간한 학생부종합전형 가이드북을 참고하는 것입니다. 예를 들어 인하대의 학생부종합전형 가이드북에 소개되어 있는 '면접평가 준비전략'을 살펴보겠습니다.

# 2021학년도 인하대 학생부종합전형 가이드북
## '면접평가 준비전략'

① 면접관의 의도를 정확하게 파악하고 논리정연하게 말하는 것이 중요합니다. 제한된 시간 안에 나의 생각을 효율적으로 전달하기 위해서는 먼저 결론을 말하고 부연 설명하는 방식이 좋습니다. 결론을 먼저 말한 다음 이를 뒷받침하는 근거나 사례를 부연하면 더욱 논리적으로 본인의 주장을 전달할 수 있습니다. 따라서 평소에 두괄식으로 말하는 연습을 하는 것이 많은 도움이 됩니다. 또한 질문의 요지를 파악하여 단순, 명쾌하게 대답하는 것이 좋습니다. 한 가지 질문에 너무 장황한 설명을 하게 되면 다른 질문에 답할 기회를 놓칠 수 있기 때문입니다.

② 자신이 제출한 학교생활기록부와 자기소개서를 꼼꼼히 숙지합니다. 제출서류인 학교생활기록부, 자기소개서의 내용을 면밀히 확인하고 숙지하고 있는 것이 필요합니다. 예를 들어, 독서활동을 통해 얻은 점은 무엇 이였는지, 공동체 활동 중에 발생한 갈등을 어떻게 극복하였는지, 여러 활동에 참여하게 된 동기, 과정, 결과 등

에 대해 정리를 해두는 것이 필요합니다. 또한 이러한 활동들과 자신이 지원한 학과와 어떤 관련이 있는지에 대해서도 생각해보는 과정이 필요합니다.

③ 다양한 형태의 모의면접을 통한 실전 연습이 중요합니다. 대학 또는 고등학교에서 실시하는 다양한 모의면접 프로그램에 적극적으로 참여하거나 혹은 친구들끼리 서로 면접관과 지원자가 되어 모의면접을 하는 것도 많은 도움이 됩니다. 이러한 모의면접은 서로의 장단점을 파악하고 질문과 토론을 통해 사고의 폭을 넓히며 자연스럽게 실전 감각을 익힐 수 있습니다. 가장 중요한 것은 정해진 정답이 있는 것이 아니라 자신이 생각하고 이해하는 바를 설득력 있게 이야기하여 면접관에게 자신의 주장을 논리적으로 표현하는 것이라는 것을 잊지 마세요.

④ 자신의 답변에 대한 논리와 근거 있는 주장을 펴세요. 면접에서는 시사적인 문제가 제기되기도 하는 데, 얼마나 많이 알고 있느냐가 중요한 것이 아니라 시사문제에 대한 수험생의 태도와 주장이 중요합니다. 단순히 시사문제에 대한 지식을 나열하기 보다는 이

에 대한 본인의 생각을 논리적으로 표현하는 것이 중요합니다. 또한 시사문제에 답하는데 있어서 결론도 중요하지만 결론에 이르는 과정을 설득력 있게 설명하는 것도 중요합니다. 고등학교에서 배운 교과 상식과 시사적인 부분을 접목하여 자신의 주장에 대한 탄탄한 근거를 만든다면 논리적인 답변을 할 수 있을 것입니다.

⑤ 면접 시 바른 태도를 가지도록 연습합니다. 면접에서는 학생의 언어적 표현도 중요하지만 비언어적인 몸짓, 말투, 언어습관도 중요합니다. 특히 말을 할 때 바른 태도가 중요합니다. 생각이 나지 않으면 눈을 들어 딴 곳을 보거나, 면접관을 보지 않고 다른 데를 바라보거나, 다리를 떠는 불필요한 행동은 좋은 인상을 줄 수 없습니다. 턱을 조금 당기고 상대방의 얼굴 아랫부분을 보면서 말하면 또렷한 인상을 줄 수 있습니다. 그리고 안정적인 목소리로 차분하게 대답하고, 명확하지 않은 끝맺음 보다 마지막 서술어까지 명확하게 발음하여 자기의사를 분명하게 표현하는 것이 중요합니다. 자신의 면접 태도에 대해 궁금하다면 동영상 기능을 활용하여 직접 녹화된 자신의 모습을 살펴보는 것도 좋은 방법입니다.

내용을 요약하면 ① 면접관의 의도를 정확하게 파악하고 논리정연하게 말하고, ② 자신이 제출한 학교생활기록부와 자기소개서를 꼼꼼히 숙지하며, ③ 다양한 형태의 모의면접을 통한 실전 연습이 중요하고, ④ 자신의 답변에 대한 논리와 근거 있는 주장을 펴고, ⑤ 면접 시 바른 태도를 가지도록 연습해야 한다는 것입니다.

저는 학교생활기록부 가이드북에 나온 예시 질문을 활용하였습니다. 장래희망, 수상경력, 동아리활동, 봉사활동, 독서활동, 교과관리 등 생기부와 자기소개서를 내용을 기반으로 예상 질문 리스트를 만들어 수없이 많이 연습을 했습니다. 인하대의 경우, 면접은 코로나19 사태로 인하여 비대면 화상면접(면접관 2명 대 학생 1명)을 실시하였기 때문에 우리 아이는 자기 방에서 저는 거실에서 줌(ZOOM)을 이용해 화상으로도 면접 연습을 하였습니다. 화상 면접 시에도 실제 면접을 하는 것처럼 옷을 갖춰 입고 연습했던 것이 기억에 남습니다. 일종의 카메라 테스트를 해보니 긴장해서 "어.., 어"하면서 대답을 시작하는 우리 아이 특유의 말버릇이 발견되었고, 이를 고쳐야 했습니다. 제가 시도했던 방법은 면접관이 질문을 하면 그 질문을 그대로 받아서 확인하는 것이었습니다. 만약에 면접관이 "우리동네 지역아동 센터에서 봉사하였다고 했는데, 그러한 봉사를 하게 된 계기는 무엇이며 구체적으로 어떠한 봉사를 하였습니까?"라고 질문을 하면 우리 아이는 면접관의 질문을 그대로 받아 "우리동네 지역 아동센터에서 봉사를 하게 된 계기와 구체적으로 어떠한 봉사 를 하였는지 말씀드리겠습니다."라고 대답을 시작하는 연습을 시켰습니다. 이렇게 연습을 거듭해보니 우리 아이 특유의 말버 릇은 없어지고 깔끔한 대답을 할 수 있었습니다.

　아빠님들, 대학은 뽑을 학생을 직접 보고 확인하고 싶어 합니 다. 면접을 통해 생기부와 자기소개서에 기재된 내용이 사실인 지 확인하기도 하고 대학이 원하는 인재상에 부합한지를 판단 하려고 합니다. 따라서 생기부에 기재되어 있는 한 줄의 내용도 무심히 넘기면 큰 낭패를 볼 수도 있습니다. 만약에 우리 아이가 읽지도 않은 책이 생기부에 한 줄 기록되어 있으면 그 책의 내 용에 대해 물어볼 수도 있습니다. 그래서 면접 준비는 고등학교 선생님, 친구들의 도움을 받을 수도 있지만 우리 아이를 잘 아 는 부모님과 함께 준비하는 것이 효과가 좋다고 생각합니다. 지 금부터 우리 아이와 함께 생기부와 자기소개서에 기재된 내용

을 바탕으로 예상 질문 리스트를 만들어 보시고, 연습 또 연습

한다면 대학 합격의 마지막 관문을 성공적으로 통과하실 수 있

을 것이라 확신합니다.

# 아빠표 입시컨설팅 핵심체크 ⑧

▶ 면접평가 준비전략은 ① 면접관의 의도를 정확하게 파악하고 논리정연하게 말하고, ② 자신이 제출한 학교생활기록부와 자기소개서를 꼼꼼히 숙지하며, ③ 다양한 형태의 모의면접을 통한 실전 연습이 중요하고, ④ 자신의 답변에 대한 논리와 근거 있는 주장을 펴고, ⑤ 면접 시 바른 태도를 가지도록 연습해야 합니다.

▶ 면접 준비는 고등학교 선생님, 친구들의 도움을 받을 수도 있지만 우리 아이를 잘 아는 부모님과 함께 준비하는 것이 효과가 좋다고 생각합니다.

# 수시카드 6장 만들기, 교토삼굴(狡兔三窟) 전략

교토삼굴(狡兔三窟)은 '꾀 많은 토끼는 세 개의 굴을 준비 한다'는 뜻의 사자성어입니다. 사기 맹상군 열전에서 나온 고사로부터 유래되었다고 합니다. 저는 우리 아이의 수시전략을 만들면서 이 교토삼굴(狡兔三窟)의 고사를 많이 떠 올렸습니다. 제가 우리 아이의 대학 합격을 준비한 세 개의 굴은 수시전형 중 학종과 논술, 그리고 수능최저를 맞추기 위한 정시 준비였습니다. 교과로 합격할 수 있는 대학은 저와 우리 아이가 원하지 않은 대학이었기에 제외하였습니다. 목표는 학종과 논술에서 최소 1개씩은 합격하는 것으로 잡았습니다. 결과는 학종과 논술에서 각각 1지망을 합격했습니다. 학종의 1지망이었던 인하대 국어교육과와 논술의 1지망이었던 연세대 교육학과를 합격하여 최종 연세대로 진학하였습니다.

〈인하대 합격통지서〉

〈연세대 합격확인서〉

합 격 확 인 서

성     명 :
생년월일 :
전     형 : 논술전형
모집단위 : 교육학부
수험번호 :

위 학생이 연세대학교 2021학년도 수시모집
교육학부에 지원하여 합격하였음을 확인합니다.

2020년 12월 26일

연세대학교 입학처장

아빠님들, 우리 아이 수시 2관왕의 비결은 아빠표 입시컨설팅이 없었다면 이루지 못할 성과였습니다. 저는 수시 6장 카드를 쓰기 위해 우리 아이와 함께 많은 날들을 의논하고 고민하였습니다. 우리 아이가 전교 1등이었다면 아마도 아빠표 입시컨설팅은 필요 없었을 것입니다. 그러나 우리 아이는 앞서도 말씀드렸듯이 평범한 수도권 일반고 내신 2.8등급이라는 애매한 성적이었기에 입시전략이 매우 중요했습니다. 저는 먼저 '수시냐? 정시냐?'를 결정해야 했습니다. 이를 결정하는 것은 그리 많은 시간이 걸리지 않았습니다. 저는 우리 아이의 6월 모의평가 성적을 기준으로 우리 아이의 현재 위치를 판단하였습니다. 제가 아빠표 입시컨설팅을 시작한 시기가 2020년 7월이었기 때문에 6월 모의평가 성적을 확인해본 결과, 41443이 나왔습니다. 1등급을 맞은 수학을 제외하면 인서울 근처에도 도전할 수 없는 성적이었습니다. 만약에 정시로 대학을 간다면 바로 재수각이었습니다. 보통 입시컨설팅 업계에서는 6월 모의평가 성적을 기준으로 정시로 갈 수 있는 대학교 라인을 정한다고 합니다. 이는 수험생들의 빅데이터 성적을 토대로 기준을 잡는 것이기에 합리적이라고 생각했습니다. 이러한 판단은 옳았습니다. 우리 아이는 9월 모의평가 성적이나 수능에서도 비슷한 성적을 받아 왔습니다.

　아빠님들, 저는 우리 아이 수시전략을 세우기에 앞서 6월 모의평가 성적을 기준으로 잡고 이를 보수적으로 판단하였습니다. 입시 전문가들에 의하면 수험생들의 6월 모의평가 성적이 수능성적 보다 떨어지는 경우가 50%가 넘는다고 합니다. 저는 이러한 판단 아래 우리 아이의 수능을 수능최저를 맞추는 용도로만 활용하기로 했습니다. 구체적으로 수학 1등급, 영어 2등급을 목표로 두 과목만 선택과 집중하는 것으로 결정했습니다. 그런데도 불구하고 실제 수능에서는 각각 한 문제 차이로 수학 2등급, 영어 3등급을 기록했습니다. 이렇게 수능은 예측 못할 변수가 많습니다.

　저는 자연스럽게 수시에 올인해야 한다는 생각을 했고, 우리 아이도 수시로 대학을 가야 한다는 점을 잘 알고 있었습니다. 그리고 수시 지원의 대원칙을 우리 아이가 원하지 않은 대학, 원하지 않은 학과는 지원하지 않겠다고 정했습니다. 통상적으로  입시전문가들은 수시원서 6장을 상향, 적정, 안정으로 구분하여 쓰라고 조언합니다. 저도 처음에는 이러한 기준에 맞춰 학종으로 5장, 교과로 1장을 쓰려고 했습니다. 수시에서 교과로 1~2장을 쓰는 것은 학종에서 다 떨어질 경우를 가정해서 안전장치로 걸어두는 것이 보통입니다. 그런데 안정 지원해서 교과로 붙은 학생들이 만족을 못 하고 반수나 재수를 다시 선택하게 되는 경우를 많이 봤습니다. 저는 우리 아이에게 물었습니다. "교과로 쓴 대학에 붙는다면 가서 잘 다닐 자신이 있어?" 그러자 "솔직히 자신이 없어"라고 대답하더군요. 그래서 저는 안정 지원하려던 교과를 버리고 학종과 논술의 조합을 생각하게 되었습니다.

먼저 우리 아이의 학종 카드는 내신 등급을 기준으로 객관적으로 판단할 수밖에 없었습니다. 우리 아이는 사범대학을 진학하기를 원했기 때문에 전년도 입결이 1등급 후반이나 2등급 초반대인 중경외시, 건동홍 등의 인서울 대학을 지원하기는 어려웠습니다. 따라서 인서울권인 2등급 초반대의 인하대를 상향으로 쓰고, 2등급 중반대인 인천대와 공주대를 적정으로 지원하였습니다. 이렇게 판단한 근거에는 우리 아이의 생기부가 일반고 수준에서 중상급은 된다고 생각했기 때문입니다. 논술 카드를 쓰게 된 데에는 사연이 좀 있습니다. 사실 처음에는 교과를 버리면서 수능 최저 있는 논술을 하나 정도만 추가하려고 생각했습니다. 이유는 학종을 실패하더라도 수능 최저를 맞추기 위해 정시를 열심히 하다 보면 교과로 갈 수 있었던 대학을 정시로도 갈 수 있지 않을까 하는 생각이 있었습니다. 그래서 3합7 수능최저가 있는 홍익대 논술을 선택했던 것입니다. 결과적으로 우리 아이는 홍익대 논술의 수능최저는 아쉽게도 충족하지 못했습니다. 그러나 진정한 변화는 홍익대 논술을 선택한 후에 일어났습니다. 당시에 저는 홍익대 논술의 수능최저를 맞추기 위해 절대평가인 영어 등급을 올리기 위한 수단으로 우리 아이를 영어학원에 보내 벼락치기 공부를 시키기 시작했습니다. 원래 베이스가 없는 아이는 아니어서 단기간에 한 등급은 올릴 수 있다고 생각했습니다. 이 생각은 적중해서 학원의 모의평가에서 영어 2등급을 유지할 수 있었고, 이때 집중적으로 영어공부를 했던 것이 이후 추가한 연세대 논술에서 영어 지문을 무리 없이 해석할 수 있는 큰 힘이 되어 주었습니다. 아시다시피 연세대 논술은 영어와 수학 지문을 포함하고 있기에 천하제일 논술대회라고 불리고 있습니다. 그래서 단기간에 연세대 논술에 합격하는 아이들을 두고 논술 신동이라고도 합니다.

이후 저는 우리 아이가 학원의 모의평가에서 수학에서 1~2등급, 영어에서 2~3등급을 꾸준히 유지하는 것을 보면서 수능

최저가 없는 연세대 논술과 인하대 논술을 추가 선택하였습니다. 논술을 추가하면서 2합4 정도의 수능최저가 있는 대학을 추가할 생각도 했지만 저는 속으로는 우리 아이가 수능최저를 맞출 수 있다고 생각하지 않았습니다. 그래서 수능최저가 있는 대학은 홍익대만으로도 충분하다고 생각했습니다. 우리 아이는 2020년 8월에야 늦게 논술 공부를 시작했지만 논술에 대한 재능이 있었다고 생각했기에 논술 100%로 승부를 걸어보기로 했던 것입니다.

물론 이런 생각은 운 좋게 적중했습니다. 인하대 논술은 기왕에 연세대 논술을 선택한 김에 인하대 국어교육과 학종을 불합격할 경우를 대비해 복수 전형으로 신청했습니다. 우리 아이는 어렵다고 소문났던 2021년 인하대 논술에서도 예비 2번을 받았습니다. 참고로 인하대 논술에서는 예비 2번을 받아 불합격하였지만 국어교육과 모집인원이 3명밖에 되지 않았습니다. 추가 합격이 거의 없는 논술전형에서는 모집인원이 꽤 중요한 판단 요소입니다. 만약에 20명을 넘게 모집했던 인하대 아태물류학과를 논술로 지원했다면 합격했을 것으로 생각하고 있습니다. 우리 아이의 논술 입문기에 대해서는 제4장 '논술로 대학가자' 편에서 알려드리겠습니다.

아빠님들, 저는 이렇게 우리 아이의 수시카드 6장을 3학종 3 논술로 선택하였습니다. 솔직히 지금 와서 생각해 보면 연세대 논술은 신의 한 수였습니다. 연세대 논술이 코로나로 인해 수능 후로 미뤄진 것도 운으로 작용했습니다. 저의 교토삼굴(狡兔三窟) 전략은 다소 모험적인 선택이었다고 볼 수 있지만 결과적으로는 성공했습니다. 우리 아이는 교과나 정시로 갈 수 없는 대학을 학종으로 합격했고, 학종으로 갈 수 없는 대학을 논술로 합격했습니다. 이 모든 것이 우리 아이를 믿고 소신 있게 수시 원서를 지원했기 때문이라고 생각하고 있습니다.

<우리 아이 수시카드 6장>

| 지망<br>(결과) | 대학<br>(학과) | 모집<br>인원 | 전형<br>유형 | 전형방법<br>(요소별 반영비율) | 수능최저<br>학력기준 | 2020년<br>경쟁률 | 전년도<br>성적산출 | 면접/논술<br>날짜 |
|---|---|---|---|---|---|---|---|---|
| 1지망<br>(합격) | 인하대<br>(국어교육과) | 13명 | 종합 | 1단계: 서류3배수<br>2단계: 1단계<br>성적70%+면접30% | 미적용 | 6.3 | 2.27등급<br>(평균) | 12월 5일 |
| 2지망<br>(예비) | 인천대<br>(윤리교육과) | 5명 | 종합 | 1단계: 서류4배수<br>2단계: 1단계<br>성적70%+면접30% | 미적용 | 8.8 | 2.52<br>(최초평균)<br>2.57<br>(최종평균) | 12월 12일 |
| 3지망<br>(광탈) | 공주대<br>(국어교육과) | 10명 | 종합 | 1단계: 서류3배수<br>2단계: 1단계<br>성적70%+면접30% | 미적용 | 9.8 | 1.1.(최고)<br>4.4(최저) | 12월 9일 |
| 1지망<br>(합격) | 연세대<br>(교육학과) | 6명 | 논술 | 논술100% | 미적용 | - | - | 12월 7일 |
| 2지망<br>(광탈) | 홍익대<br>(교육학과) | 4명 | 논술 | 1배수<br>논술90%+교과10% | 3개합<br>7등급<br>(한국사4) | 23.8 | - | 10월 25일 |
| 3지망<br>(예비) | 인하대<br>(국어교육과) | 3명 | 논술 | 1배수<br>논술90%+교과30% | 미적용 | 24.8 | - | 12월 19일 |

4장

# 아빠표 입시컨설팅 III
# 논술전형

# 아빠표 입시컨설팅 III
# - 논술전형

## 우리 아이 논술 시작하다!

우리 아이의 대학입시에서 연세대 논술전형을 쓴 것은 신의 한 수였습니다. 저는 아빠표 입시컨설팅을 시작할 때만 해도 우리 아이를 논술로 대학을 보내게 될지는 꿈에도 생각하지 않았습니다. 그런데 대학입시에 대해 공부를 하면서 논술 전형을 접하고 우리 아이에게 맞춤형 전형이라는 합리적 결론을 내리게 되었습니다. 제가 우리 아이의 논술 전형을 최종적으로 결심하게 된 때는 2020년 8월이었습니다. 연세대 논술 시험을 보기 5개월 전입니다. 지금 생각해 보면 시기적으로도 늦었고 무모한 결정일 수도 있었습니다. 당시 저는 논술 전형에 대한 사전적인 지식이 거의 없는 상태였습니다. 그래서 유튜브 입시 채널이나 수만휘의 문과논술 게시판에 올라온 정보들을 참고하면서 우리 아이가 논술 전형에 도전할 수 있는지를 한번 따져 봤습니다. 먼저 우리 아이의 글쓰기 재능에 주목했습니다. 우리 아이는 고1, 고2 때 학교에서 실시한 문예공모전에서 최우수상(1위)을 연속으로 수상할 정도로 글쓰기를 좋아하고 재능도 있는 편이었습니다. 물론 글쓰기를 잘한다고 해서 논술을 잘한다는 것은 아닙니다. 그러나 두 시간가량을 논술 답안지를 써야 하는 상황을 생각해 보면 글쓰기 재능을 어느 정도 갖추고 있는 것이 이점이라고 생각했습니다. 또 하나 우리 아이의 생기부에 적혀 있는 개인적 특성에 주목했습니다. 예를 들면 고1 국어 세부능력과 특기사항에서는 '장애인 의무고용 제도를 유지해야 한다는 논제에 대해 찬성 입장에서 토론함. 장애인 의무 고용 제도가 장애인에게 기회의 평등을 제공할 뿐만 아니라 장애인의 사회적인 지위와 경제적인 활동을 보장함으로써 생활 속에서 장애인의 선입견을 지울 수 있는 역할을 할 수 있다는 점을 근거로 제시하여 주장을 논리적으로 뒷받침함'이라고 적혀 있었고, 고2 실용국어 세부능력과 특기사항에서는 '평소 필요한 내용을 수집하고 선별하여 핵심 내용을 정확하게 파악하고, 정보에 담긴 의도를 추론하고 내용을 비판적으로 평가하는 모습을 보임'이라고 적혀 있었습니다. 저는 우리 아이 생기부 곳곳에 적혀 있는 내용들에서 논술 제시문을 정확히 해석하고 분석하고 비판할 수 있는 독해력, 분석력, 사고력을 확인할 수 있었습니다. 이산호 중앙대 논술출제위원은 대입논술에 대해 "대부분의 수험생들이 자신의 의견을 서술하는 시험이라고 생각합니다. 이는 오해입니다. 제시문을 토대로 출제자의 의도를 파악한 뒤 이를 바탕으로 문항이 요구하는 답안을 작성해야 높은 점수를 받을 수 있다고 생각합니다."라고 말합니다. 이 말은 사실에 기초한 독해력이야말로 논술전형에 있어서 '기본 중의 기본' 소양이라는 것을 밝히고 있습니다. 때때로 우리 아이와 저는 TV 뉴스를 보면서 특정 사회 이슈에 대해 논쟁을 벌이곤 했습니다. 그럴 때 마다 우리 아이가 사실에 근거한 주장을 논리정연하게 펴는 것을 보면서 놀랄 때가 많았습니다. 이러한 상황판단에 기초하여 저는 우리 아이가 논술 전형에 지원할 수 있는 기본적인 소양은 있다고 생각했습니다.

# 〈논술 주요 소양〉

## 성찰적 사고력

쟁점에 대한 찬반 의견보다 쟁점에 담긴 인간 · 사회의 근원적인 문제를 통찰

## 다면적 사고력

특정 주제를 일방향으로 이해하지 않고 다양한 각도에서 접근

## 수리능력

자연, 의학계 및 사회계 수리논술은 문제풀이에 필요한 식을 논리적으로 추론

## 통합적 사고력

텍스트 해석 능력 및 제시문 간의 공통점과 차이점을 비교 · 분석

## 논증 능력

자연, 의학계 논술은 기본개념에 대한 이해 및 응용력, 문제풀이 과정을 논리적으로 설명

## 문제 해결력

자연현상이나 주어진 논제에 대한 창의적 사고와 합리적 논리 전개

〈출처: 2021학년도 경희대 논술 가이드〉

그리고 논술전형을 지원할 수밖에 없었던 입시전략상의 이유가 있었습니다. 아시다시피 우리 아이의 고3 1학기까지의 내신 성적 2.8등급으로는 인서울 사범대학을 학종으로 도전하기 어려웠습니다. 그렇다고 정시로는 더욱 기대하기 어려웠습니다. 따라서 우리 아이가 인서울 대학에 진학하기 위해서는 논술전형은 선택이 아니라 필수였다고 말할 수 있습니다. 논술전형을 결정하고 논술카드를 몇 장 어느 대학에 쓸 것이지를 고민하였습니다. 판단의 기준은 수능최저에 대한 판단이었습니다. 2021학년도 논술전형을 실시한 대학은 모두 33개교였습니다. 인서울 주요대학의 수능 최저가 없는 대학은 연세대, 한양대, 서울시립대, 인하대 정도였습니다. 나머지 인서울 대학들은 최소 2합4등급 이상을 맞출 것을 요구하고 있었습니다. 제가 논술전형을 결정할 당시에는 우리 아이의 6월 모의평가 성적이 나와 있는 상태였기 때문에 이를 기준으로 아주 보수적인 판단을 할 수밖에 없었습니다. 따라서 3합7등급이었던 홍익대를 한 장 쓰고, 나머진 최저 없는 연세대와 인하대를 선택하였습니다. 저는 수능에서의 변수를 예측할 수 없었기 때문에 수능 최저를 못 맞춰 시험을 보지 못하는 사태를 미연에 방지해야겠다는 생각을 했습니다. 수능 최저가 없어 경쟁률이 폭발해도 우리 아이의 기본적인 소양을 믿고 지원했던 것입니다. 홍익대를 한 장 쓴 것은 수능 전 논술 시험이 있었고 수능 최저를 못 맞춰도 실전 논술 경험을 쌓을 수 있다고 판단했습니다. 이러한 전략은 결과적으로 주효했습니다. 우리 아이는 한 문제씩 차이로 수학과 영어에서 한 등급씩 내려갔고 홍익대의 3합7등급 수능 최저를 맞추지 못했습니다.

이렇게 논술 전형에 도전하기로 하고 저는 우리 아이를 고3부터 다니던 평촌의 수학 학원에서 논술공부를 병행하도록 했습니다. 참고로 평촌의 수학 학원은 논술을 함께 가르치던 학원이었습니다. 연세대 논술 준비를 위해서는 수학 공부를 함께 하는 것이 도움이 되었기 때문입니다. 논술 공부는 일주일에 한번 4시간씩 문제를 풀고 피드백을 받는 식으로 진행되었습니다. 지금 생각해 보면 절대적으로 부족한 시간이었던 것 같습니다. 느닷없이 홍익대, 인하대, 연세대의 3년 치 기출문제와 모의고사 문제를 풀면서 논술공부를 시작했습니다. 그야말로 맨땅에 헤딩하는 식이었습니다. 1주일에 최소한 1회분을 풀고 답안을 작성한 뒤에는 해설과 예시 답안을 읽고, 이를 바탕으로 자신이 작성한 답안을 꼼꼼히 검토하는 작업을 반복하였습니다. 우리 아이는 잘 따라 주었습니다. 기초 없이 시작한 논술 공부였지만 우리 아이는 빨리 적응하였습니다. 논술을 시작하자마자 매번 합격점에 가까운 점수를 받아 왔습니다. 기본적인 소양이 있었기에 가능했던 일이 아닐까 생각하고 있습니다. 우리 아이 논술 공부의 시작은 대학 합격의 지름길이었습니다.

# 논술에 대한 오해

## 논술로 대학가는 아이를 본 적이 없다?
-------------------------------

우리 아이가 논술 전형으로 연대에 합격했다고 하니 우리 아이가 다니던 고등학교에서는 난리가 났습니다. 개교 이래 논술 전형으로 SKY를 간 최초의 사례가 생겼기 때문입니다. 서울대, 고대는 논술 전형으로 신입생을 뽑지 않기 때문에 연대는 논술로 갈 수 있는 최상위권 대학입니다. 수도권과 지방의 평범한 일반고에서는 흔치 않은 일입니다. 연대는 고사하고 서울 소재 상위권 대학에 논술로 합격했다는 학생도 찾아보기 힘듭니다. 왜 이러한 현상이 발생하는 걸까요? 일반적인 해석으로는 논술 전형으로 뽑는 인원수가 적기 때문이라고 합니다. 2022학년도 논술 전형에서는 36개 대학에서 총 11,069명을 선발합니다. 전체 4년제 수시 모집인원 중 3.2% 밖에 되지 않습니다. 정시까지 포함하면 이 수치는 정말 미미해질 것입니다. 고3 전교생이 100명인 학교에 이 수치를 대입하면 1~2명 정도가 논술로 대학을 가는 비율이 나오게 됩니다. 그러니 우리 학교에서 논술로 대학 가는 아이를 본 적이 없다는 말도 나올 수 있습니다. 그러나 이

수치는 서울·경기권 상위 15개 대학 기준으로 하면 확 달라집니다. 정시까지 포함하여 2022학년도에는 9.7%(2021학년도에는 12.0%)로 10명 중 1명을 논술 전형으로 선발하게 됩니다. 무려 학생부 교과로 뽑는 비중(12.2%)과 비슷합니다. 논술 전형의 특성이 주로 현재 우리 아이의 위치에서 한두 단계 높은 상위권 대학에 가기 위한 방법으로 지원하려는 전형이기 때문에 적지 않은 인원을 뽑는 셈입니다. 따라서 표면적인 논술 전형의 모집인 원만 보고 논술 전형에 지원하지 않는 것은 잘못된 일이고 대표적인 논술 전형에 대한 오해라고 할 수 있습니다. 그리고 이러한 오해가 발생하게 된 배경에는 논술 전형에 대한 정보와 교육의 비대칭성에 있다고 생각합니다. 논술 전형에 지원하는 학생들의 출신 고교를 보면 주로 전국의 자사고, 특목고를 비롯해서 소위 '서울 소재 3학군'(대치동, 목동, 중계동) 소속 일반고가 많습니다. 아무래도 논술 전형에 대한 정보와 교육을 수월하게 접할 수 있기 때문이라고 생각합니다. 그래서 저는 이러한 논술 전형에 대한 정보와 교육의 비대칭성을 극복할 수 있는 방법으로 수도권, 지방의 평범한 고등학교와 학부모님들이 힘을 합쳐 학교별 '논술전형 특별반'을 개설하고 실력 있는 유명 강사를 초빙하여 논술 강의와 컨설팅을 실시할 것을 제안 드립니다. 이 방법대로 한다면 평범한 일반고 3~4등급 학생들도 서울 소재 상위권 대학에 진학할 수 있는 비율이 높아질 것이라 확신합니다.

## 논술은 '운' 이나 '로또' 다

논술 전형에 대한 대표적인 오해입니다. 제가 들은 가장 황당한 말은 논술 답안지를 선풍기로 날려 특정 원 안에 들어간 답안지를 합격자로 선발한다는 어이없는 유언비어 같은 것들입니다. 이러한 말들이 돌아다는 것은 논술 시험의 실체에 대해 수험생이나 학부모들이 잘 모르기 때문입니다. 저도 그랬습니다. 우리 아이가 논술 전형을 결정하기 전까지 해당 대학에서 실시했던 논술 시험 문제를 본 적이 없었습니다. 아빠님들께서는 우리 아이들이 가고 싶은 대학의 논술 시험 기출문제를 한번 확인하시기만 해도 논술은 절대 운으로 합격할 수 없다는 것을 잘 알게 되실 것입니다. 참고로 2021학년도 논술 기출문제는 해당 대학의 홈페이지에 있는 선행학습영향평가 보고서에서 쉽게 확인하실 수 있습니다. 제가 생각하기에 논술은 대학이 원하는 가장 똑똑한 학생들을 뽑을 수 있기 때문에 주로 상위권 대학들이 실시하는 전형입니다. 2021학년도 연세대학교 대학입학전형 선행학습영향평가 결과보고서를 보면 대학수학능력에 필요한 '논리력, 창의력, 종합적 사고능력을 평가하기 위한 다면사고형 논술시험'을 실시한다고 되어 있습니다. 즉, 대학이 필요한 맞춤형 인재를 선발하기 위해 대학별 고사인 논술 시험을 실시하는 것인데, 이것을 두고 '운'이나 '로또'라고 하는 것은 논술 전형을 잘 모르는 이야기라고 할 수 있습니다. 논술은 우리 아이의 현재의 위치보다 한두 단계 높은 대학 레벨에 진학할 수 있는 유일한 전형이라는 점을 명심하셔야 합니다. 따라서 합격을 목표로 실력을 길러야 하고 이를 위한 각고의 노력이 필요하다고 할 수 있습니다. 우리 아이가 논술 전형을 선택했다면 수능 한 과목 정도의 비중으로 최소 주 2회 10시간 정도를 공부해야 합격의 가능성이 높아질 수 있을 것입니다.

## 논술은 정답이 없다?

논술고사의 특징은 이미 정해진 답이 있다는 점입니다. 유명 논술 강사들에 따르면 논술은 화려한 자기주장이나 배경지식을 뽐내는 글쓰기가 아니라 이미 정해진 답을 찾아가는 과정이라고 강조합니다. 조선시대 과거시험이나 고교시절 백일장 대회가 아니라는 것이죠. 우리 아이는 고등학교 때 해마다 문예공모전에서 최우수상을 받을 정도로 글쓰기 재능이 남달랐습니다. 글쓰기 재능은 분명 논술을 준비하는 데 도움이 될 수 있습니다. 그러나 글쓰기 재능은 논술 시험에서는 부차적인 것이지 핵심이 아닙니다. 우리 아이는 논술 시험에서 출제자가 요구하는 답을 썼기 때문에 합격한 것입니다. 논술은 엄격한 채점 기준과 감점 요소가 있는 시험입니다. 우리 아이는 학종으로 지원했던 인하대 국어교육과를 논술로도 복수지원하였는데 학종으로는 붙고, 논술로는 예비 2번을 받아 떨어졌습니다. 참고로 2021학년도 인하대학교 선행학습 영향평가 자체평가보고서를 보면 우리 아이가 본 논술 시험의 ① 일반정보, ② 문항 및 자료, ③ 출제의도, ④ 출제근거, ⑤ 문항해설, ⑥ 채점기준, ⑦ 예시답안, ⑧ 대학전형 선행학습 자체영향평가위원회 의견 등이 게재되어 있습니다. 여기에 있는 출제의도, 문항해설, 채점기준, 예시답안 등을 살펴보면 논술은 글을 잘 쓴다고 막연하게 합격할 수 있는 시험이 아니라는 점을 잘 알 수 있습니다. 예를 들면 우리 아이가 치른 인하대 인문계(오전) 논제와 문항의 출제의도를 보면 논술에는 출제가 원하는 명확한 답이 있음을 밝히고 있습니다.

"본 논술고사는 제시된 논제의 핵심을 정확하게 파악하는 능력과 주어진 제시문을 활용하여 논제를 심도 있게 분석하는 능력, 그리고 자료에 근거하여 자신의 주장을 논리적으로 전개하는 능력을 평가한다. 이는 제시된 글 자료의 요지를 파악하고 주어진 조건을 고려하여 논리적이고 체계적으로 글을 구성하는 역량과, 제시된 데이터 자료를 분석하여 자신의 주장을 논리적으로 정당화하는 역량을 필요로 한다. 또한 답안 작성 시 글 자료 해석과 데이터의 분석뿐 아니라 관련 현상에 대한 폭넓은 이해와 고등학교 교육과정에서 학습한 내용의 응용이 요구된다. 이러한 능력을 바탕으로 논리적이고 설득력 있는 글을 체계적으로 구성하는 것은 논술에서 요구되는 기본 활동이다."(중략)

아빠님들, 2021학년도 인하대 인문계 논술 시험은 매우 난이도가 높은 시험이었다고 합니다. 우리 아이가 지원했던 국어교육과의 경쟁률은 31.08 대 1을 기록했고 최종 3명이 합격했습니다. 이 아이들은 분명 출제자의 출제의도를 명확히 파악하고 정답을 제출했기 때문에 합격했던 것입니다.

## ⟨2021학년도 인하대 논술 '논제와 문항'⟩

[논제] 기본소득(basic income) 제도의 도입 여부에 대한 토론 상황이다. 기본소득은 고용 여부, 소득 및 자산 수준과 무관하게 무조건적으로 지급되고, 특정 생애주기나 사회경제적 계층과 상관없이 보편적으로 제공된다는 점에서 기존의 사회보장 제도와 구분된다. 아래의 물음에 답하시오.

[문항 1] <다음> 중 하나의 주장을 택한 후, 아래의 <조건>에 따라 논하시오.
(1,000자±100자, 60점)

─── < 다 음 > ───

주장 1 : 기본소득 제도 도입을 찬성한다. | 주장 2 : 기본소득 제도 도입을 반대한다.

─── < 조 건 > ───

1. 제시문 (가) ~ (바) 가운데 세 개를 활용하여 자신의 주장을 정당화할 것.
2. 조건 1에서 선택하지 않은 나머지 세 개를 활용하여 반론을 제기할 것.
3. 반론에서 제기된 논거들을 각각 재반박하여 자신이 선택한 주장을 옹호할 것.
4. 제시문의 문장을 그대로 옮기지 말 것.

[문항 2] 제시문 (사)의 <자료 1>~<자료 4>를 활용하여 아래의 <조건>에 따라 논하시오.
(700자±70자, 40점)

─── < 조 건 > ───

1. <자료 2> ~ <자료 4>를 모두 활용하여 성과가 우수할 것으로 예상되는 정책안을 <자료 1>에서 두 개 선택하고, 그 이유를 제시 할 것.
2. 선택한 두 개의 정책안 중 하나를 골라 [문항 1]에서 자신이 선택한 주장을 정당화할 것.
3. 제시문의 문장을 그대로 옮기지 말 것.

출처: '2021학년도 인하대학교 선행학습 영향평가 자체평가보고서',

제시문 및 기타 사항은 보고서 참고

## 논술은 금수저 전형이다

------------------

　논술을 준비하기 위해서는 사교육비가 많이 들기 때문에 금수저 전형이라는 오해가 있는 것 같습니다. 그러나 제가 우리 아이의 논술 전형을 치러본 학부모 입장에서 말씀드리자면 가장 가성비가 높은 전형이라고 말씀드리고 싶습니다. 2018년 입시 업체 진학사는 대입 수시모집에 지원한 고3 학생 1434명을 대상으로 논술, 자소서, 면접과 같은 대학별고사 준비 기간과 사교육비 등을 조사한 결과를 발표했는데 수험생들이 가장 많은 시간과 돈을 들이는 대입 수시모집 대학별고사로 논술 전형을 꼽았습니다. 그런데 이 같은 조사 방식은 비교기준 자체가 잘못된 것이라고 생각합니다. 논술은 자소서나 면접 같은 대학별 고사와 비교하는 것이 아니라 영어, 수학과 같은 기존 과목과 비교하는 것이 적정하다고 생각합니다. 보통 논술은 빨리 시작하면 고2 겨울방학이나 고3 1학기부터 시작하고, 늦으면 고3 여름방학부터 시작합니다. 통상적으로 논술학원에서는 주 1회 8만원 내외에서 수업료를 책정하고, 소위 파이널이라고 하는 논술고사 보기 1주일간에는 매일 수업료를 청구합니다. 그러나 영어나 수학은 고교 3년 내내, 중학교 초등학교 때부터 내내 다닙니다.

논술 교육비와는 비교할 수 없습니다. 따라서 논술 교육이 사교육비의 주범이라는 오해는 근거가 없습니다.

그리고 논술 공부는 꼭 강남의 유명 논술 학원에 다녀야 합격하는 것이 아닙니다. 인강이나 학교에서 운영하고 있는 논술반을 활용하면서 자기주도학습을 하는 것이 더 효과적일 수도 있습니다. 인하대는 2021학년도 선행학습영향 자체평가보고서를 통해 "대학초청형, 고교방문형 논술 모의고사 실시, 논술 모의고사 자료집(문제 및 해설, 예시답안), 논술동영상 제작 등 전형 안내 자료 제공 및 온라인 공개를 지속적으로 시행할 예정이다. 논술 모의고사 자료집은 실질적인 채점기준 및 예시답안을 수험생에게 제공하여 자기 주도적으로 논술 전형을 준비할 수 있도록 더욱 체계화하여 전형 예측성을 제고할 것이다."라고 밝히고 있습니다. 인하대뿐만 아니라 논술전형을 실시하고 있는 대부분의 상위권 대학이 이런 방식으로 논술 데이터를 공개하고 있습니다. 따라서 우리 아이가 대학별로 공개하고 있는 논술 데이터를 적극 활용한다면 큰 부담 없이 논술 전형을 준비하면서 좋은 성과를 거둘 수 있을 것입니다. 물론 우리 아이가 쓴 논술 답안에 대한 채점이나 첨삭은 인강선생님이나 학교선생님의 도움을 받는 것이 좋다고 생각합니다.

# 아빠표 입시컨설팅 핵심체크 ⑨

▶ 논술 전형은 생각보다 많이 뽑습니다. 서울·경기권 상위 15 개 대학 기준으로 2022학년도에는 9.7%(2021학년도에는 12.0%)로 10명 중 1명을 논술 전형으로 선발하게 됩니다. 무려 학생부 교과로 뽑는 비중(12.2%)과 비슷합니다.

▶ 논술은 대학이 원하는 가장 똑똑한 학생들을 뽑을 수 있기 때문 에 주로 상위권 대학들이 실시하는 전형입니다.

▶ 논술은 화려한 자기주장이나 배경지식을 뽐내는 글쓰기가 아니라 이미 정해진 답을 찾아가는 과정입니다.

▶ 논술은 아빠표 컨설팅의 입장에서 가장 가성비가 높은 전형입니다.

▶ 논술은 꼭 강남의 유명 논술 학원에 다녀야 합격하는 것이 아닙니다.

# 논술 전형의 비밀

## 대학은 왜 논술전형을 실시하는가?

2019년 11월 교육부에서 발표한 '대입공정성 강화방안'에 따르면 2024년부터 대입전형 구조 개편을 통해 '학생부위주전형과 수능위주전형 대입전형을 단순화'한다고 합니다. 이러한 방침에 따라 논술 전형은 '고교에서 준비하기 어려운 문제풀이식 대학별 논술고사에 기반을 둔 전형이기 때문에 폐지하도록 유도한다.'라고 하고, 이를 대학별 '재정지원사업'과 연계하겠다고 엄포를 놨습니다. 때문에 2024년부터 논술전형이 폐지되는 것이 아니냐는 질문이 수만휘에 종종 올라오곤 합니다. 그런데 제 생각에는 논술전형이 교육부 생각대로 폐지될 것 같지는 않습니다. 그 이유는 논술전형이야말로 대학이 원하는 똑똑한 학생들을 뽑을 수 있는 맞춤형 전형이기 때문입니다. 대학은 단순히 내신이나 수능 성적이 뛰어난 학생뿐만 아니라 대학에서 가르치는 텍스트를 정확히 이해할 수 있는 '독해력'과 자신이 이해한 내용을 체계적으로 정리할 수 있는 '분석력'이 뛰어난 학생들을 선호합니다. 또한 텍스트에 대한 이해를 기반으로, 현실 상황에 적용할 수 있는지를 보는 '사고력'과 '창의력' 나아가 자신이 생각한 내용을 정확히 전달할 수 있는 '논리력'과 '서술력'을 중요하게 생각합니다. 이러한 능력들은 객관식 시험으로는 평가할 수 없습니다. 결국 상위권 대학일수록 논술전형으로 학생들을 선발해야 할 이유가 분명히 존재하고, 이러한 니즈(needs)가 존재하는 한 논술전형은 폐지되지 않을 것이라 확신합니다. 연대 교육학부 1학년에 재학 중인 우리 아이의 경우만 봐도 이러한 대학의 생각이 옳았음이 증명되고 있습니다. 우리 아이는 2021년 1학기에 총 8과목 17학점을 듣고 있는데, 4월 중간시험에 객관식 시험은 '현대사회의 법과 권리'라는 단 한 과목뿐이고, 나머지는 모두 논술형 시험으로 학생들을 테스트 합니다. 여기서 논술전형으로 대학에 들어온 학생들의 경쟁력이 확인될 수 있습니다. 실제로도 논술로 입학한 학생들의 학점이 제일 높게 형성되는 것이 그 증거입니다.

## 논술 경쟁률의 비밀

여담이지만 논술전형은 '대학에 건물 벽돌을 기부하는 전형이다'라는 말이 있습니다. 참고로 우리 아이의 2021년 연대 논술전형의 수시 원서대는 60,000원이었습니다. 384명을 모집했던 연대 논술전형에 지원한 인원은 27,137명이었고 전체 수시 모집인원 43.181명의 63%에 달했고, 평균 경쟁률은 70.67%였습니다. 이 논술전형 지원인원에 수시 원서대를 곱하면 연대가 걷어 들인 원서대는 약 16억2천8백만원에 달합니다. 수능최저가 없는 한양대의 경우도 마찬가지 일 것입니다. 이러한 이야기가 나오게 된 배경은 폭발하는 경쟁률 때문일 것입니다. 우리 아이가 지원했던 연대 교육학부의 논술 경쟁률도 무려 104 대 1이었습니다. 그런데 이 최초 경쟁률이 실질 경쟁률은 아니라는 것입니다. 참고로 논술 불합격 이유에 대한 모 대형학원 재수종합반의 조사결과는 ① 수능최저 미충족(77.3%), ② 논술준비 부족(14.5%), ③ 내신성적 부족(1.9%)이었습니다. 이 조사 결과에 따르면 수능 최저가 있는 경우, 실질 경쟁률은 3분의 1 수준으로 떨어지는 것을 볼 수 있습니다. 실제로 대학에서 발표한 수준도 그 정도입니다. 그리고 논술 준비가 부족한 경우를 포함하면 실질 경쟁률은 더 떨어지게 됩니다.

〈2020 논술 실질 경쟁률 예시〉

| 대학 | 실질경쟁률 | 최초경쟁률 | 모집 | 지원 |
|------|-----------|-----------|------|------|
| 서강대 | 38.37 | 95.33 | 235 | 22402 |
| 한국외대 | 15 | 37.61 | 493 | 18544 |
| 이화여대 | 14.83 | 25.55 | 543 | 13876 |
| 중앙대 | 13.7 | 50.31 | 827 | 41607 |
| 동국대 | 11.75 | 43.33 | 470 | 20365 |
| 인하대 | 28.88 | 43.33 | 562 | 24353 |

( * 한국외대/인하대/이화여대 실질경쟁률은 모집단위별 실질경쟁률의 산술평균으로 추산. 인원으로 계산한 평균과 차이가 있을 수 있음.)

그리고 연대, 한양대, 시립대, 인하대 등 수능 최저가 없는 상위권 대학은 논술 준비가 제대로 안 되어 있는 학생들이 무조건 넣고 보는 경우가 적지 않다고 합니다. 이 경우, 실질 경쟁률은 무려 50% 내외가 떨어집니다. 우리 아이가 지원했던 연대 교육학부의 최초 경쟁률이 104 대 1이었다면 실질경쟁률은 52 대 1이라는 이야기와도 상통합니다. 수능 최저 없이 지원했던 또 다른 대학이었던 인하대 국어교육과의 최초 경쟁률은 31.80 대 1이었지만 실질 경쟁률은 16 대 1 정도였다는 말이 됩니다. 그래서 수많은 논술 학원에서는 논술 경쟁률 쫄 것 없다는 말을 쉽게 합니다. 이 말은 틀린 말은 아닙니다. 그러나 아무리 실질 경쟁률이 낮아져도 수능 최저 '씩이나' 맞추지 못하거나 논술 실력이 부족하면 광탈하는 것이 논술 전형의 특징입니다. 논술 전형은 모집인원이 적기 때문입니다. 모집인원이 3명이라면 3등 안에 들어야 하고, 6명이라면 6등 안에 들어야 합니다. 최고의 논술 실력을 키우지 않는다면 실질 경쟁률이 별로 의미가 없을 수 있다는 말입니다.

〈논술 수능최저표〉

| 수능최저 | 대학(개략) |
|---|---|
| 3합6 | 성균관대, 서강대, 중앙대, 이화여대 |
| 2합4 | 경희대, 한국외대, 건국대, 동국대, 숙명여대, 세종대, 홍익대(3합7) |
| 2합6 | 숭실대, 서울여대, 덕성여대, 성신여대, 가천대, 고려대(세종), 연세대(미래), 항공대, 수원대 |
| 최저 없음 | 연세대, 한양대, 단국대, 한양대(에리카), 인하대, 외대(글로벌), 가톨릭대, 경기대, 광운대, 아주대 |

* 출처: 산논술 2022 유튜브 설명회

## 논술은 가성비 전형?

유튜브에 보다가 어떤 논술 강사가 "논술 전형은 가성비가 높은 전형이다"라고 이야기하는 것을 들었습니다. 그 이유로 논술 전형은 ① 서울 소재 상위권 대학에 진학할 수 있는 필살기이고, ② 수능 최저만 맞추면 합격률이 올라가며, ③ 내신 4~5등급 이하도 지원할 수 있기 때문이라고 합니다. 원칙적으로 맞는 말씀이라고 생각합니다. 정시에서 22323(국,수,영,탐2)를 찍으면 서울 소재 상위권 대학에 지원하기 어렵지만 수능 최저가 있는 논술에서는 합격할 가능성이 높아지기 때문입니다. 심지어 수능 최저가 더 높은 경우에는 학종 보다 실질 경쟁률이 낮아지기도 합니다. 그러나 위 세 가지 전제에는 각각 불편한 진실이 숨어 있습니다. 첫째, 서울 소재 상위권 대학에 논술로 합격하기 위해서는 논술 실력이 뒷받침되어야 합니다. 논술 준비가 되어 있지 않은 학생이 논술을 잘 보긴 어렵습니다. 논술은 단순한 글쓰기가 아니라 정해진 답을 찾아가는 시험이기 때문입니다. 어떤 학생은 기출문제 몇 개 풀어보고 일주일 만에 합격했다는 유튜브 동영상을 올린 것을 보기도 했습니다만 이런 경우는 일반적이지 않습니다. 제가 보기에는 수능 최저가 아주 높게 형성되었고 기본기가 탄탄한 학생인 경우입니다. 둘째, 수능 최저 "만" 맞추면 된다는 된다는데 수능 최저 "씩이나" 맞춰야 하는 게 맞는 말입니다. 앞서 서술한 바와 같이 논술 전형을 지원하는 학생들의 수능 최저를 맞추는 비율이 3분의 1 정도밖에 되지 않기 때문입니다. 셋째, 내신 5등급 이하도 지원할 수 있지만 논술 시험은 기본적으로 교과과정 안에서 출제되기 때문에 교과과정을 소홀히 한 학생은 이해하기 어려운 시험문제가 출제됩니다. 이는 해마다 대학별로 발표하는 선행학습영향평가 보고서를 참고하시면 잘 알 수 있습니다. 실제로 논술 합격자들이 가장 많이 합격한 내신 구간을 보면 2~3등급에 몰려 있습니다. 이러한 논술 전형의 불편한 진실들을 감안해본다면 논술은 어쩌면 수시가 아니라 정시에 가까운 성격이라는 생각이 듭니다.

## 그럼에도, 다시, 논술!

아빠님들, 그럼에도 불구하고 다시 논술입니다. 우리 아이는 정시로 못 갈 대학을 학종으로 붙었고, 학종으로 못 갈 대학을 논술로 붙었습니다. 인서울권 주요 15개 대학에서는 여전히 10명 중 1명을 논술 전형으로 선발하고 있습니다. 앞서 말한 바와 같이 학생부 교과와 동일한 비중을 차지하고 있습니다. 학생부 종합이나 교과로 인서울권 주요 15개 대학에 지원하기 위해서는 일반고 기준으로 내신 1~2등급(초반)을 맞아야 합니다. 2등급 중후반을 넘어가면 인서울권 주요 15개 대학에 지원하기 어려운 것이 현실입니다. 그렇다고 수능으로 우리 아이가 원하는 대학, 원하는 학과를 지원하기는 더 어렵습니다.

〈수능등급에 따른 지원가능대학〉

| 수능등급(국영수/탐구) | 지원가능대학(개략) |
|---|---|
| 111/11 | 서울대, 연세대, 고려대 |
| 112/12 | 서강대, 성균관대, 한양대, 중앙대(상위학과) |
| 122/12 | 중앙대, 경희대, 한국외대, 시립대, 이화여대 |
| 222/22 | 건국대, 동국대, 홍익대, 숙명여대 |
| 223/23 | 국민대, 숭실대, 세종대, 단국대 |
| 233/33 | 경기대, 카톨릭대, 인하대, 아주대 |

* 출처: 산논술 2022 유튜브 설명회

이런 경우 논술은 선택이 아니라 필수로 생각하셔야 합니다. 쉽게 생각하면 경쟁률이 낮은 정시를 준비한다고 보면 될 것 같습니다. 대치동 논술 학원 강사는 '① 목표는 인서울권이나 중상위권 대학을 준비하는데, ② 내신이 2등급 중후반을 넘어간다. ③ 수능등급이 희망 대학의 지원 가능 컷과 차이가 있다. ④ 국어, 수학, 영어, 탐구 한 과목이 3등급 이하로 늘 성적이 낮다. ⑤ 수능 성적이 늘 낮아서 올리기 어렵다.'(산논술 2022 유튜브 설명회 내용 중)면 바로 논술 준비를 시작해야 한다고 합니다. 우리 아이가 딱 이 경우에 해당됐습니다. 우리 아이가 글쓰기를 해본 적이 없다고 걱정하시지 않으셔도 됩니다. 우리 아이가 글쓰기를 해본 적이 없다면 다른 학생들도 글쓰기를 해본 적이 없기 때문입니다. 그리고 논술은 글솜씨를 뽐내는 시험이 아니라 출제자의 의도를 파악해서 정답을 찾아가는 시험입니다. 논술을 정시의 한 과목으로 생각하고 철저히 준비한다면 논술은 분명 역전의 필살기가 될 것이라고 생각합니다.

## 아빠표 입시컨설팅 핵심체크 ⑩

▶ 논술 불합격 이유에 대한 모 대형학원 재수종합반의 조사결과
는 ① 수능최저 미충족(77.3%), ② 논술준비 부족(14.5%),
③ 내신성적 부족(1.9%)이었습니다.

▶ 논술 경쟁률은 최초 경쟁률과 실질 경쟁률이 다릅니다. 수능
최저가 있는 경우, 실질 경쟁률은 3분의1 수준으로 떨어지는 것
을 볼 수 있습니다. 그리고 논술 준비가 부족한 경우를 포함하
면 실질 경쟁률은 더 떨어지게 됩니다.

▶  논술은 '① 목표는 인서울권이나 중상위권 대학을 준비하는데, ② 내신이 2등급 중후반을 넘어간다. ③ 수능등급이 희망 대학의 지원 가능 컷과 차이가 있다. ④ 국어, 수학, 영어, 탐구 한 과목이 3등급 이하로 늘 성적이 낮다. ⑤ 수능 성적이 늘 낮아서 올리기 어렵다.'면 선택이 아니라 필수입니다.

▶  논술은 수시가 아니라 경쟁률이 낮은 정시의 한 과목으로 생각하고 공부한다면 합격할 수 있는 전형입니다.

# 논술 필살기 전략

## 1%의 전략이 합격을 좌우한다
- - - - - - - - - - - - - - - - - - - - - - -

화룡점정(畫龍點睛)이란 말이 있습니다. 중국 5호 16국 시대
에 있던 일화입니다. 양(梁)나라의 전설적인 화백 장승요(張僧
繇)가 금릉(金陵=남경)에 있는 안락사(安樂寺)에 용 두 마리를 그
렸는데 눈동자를 그리지 않았습니다. 왜 그리지 않았느냐는 말
에 눈동자를 그리면 용이 하늘로 날아가 버리기 때문이라 했고
그 말을 믿지 않자 실제로 눈동자를 그렸더니 그 용은 하늘로
날아가고 눈동자를 그리지 않은 용은 남았더라고 합니다. 저는
논술 전형에서 전략을 화룡점정(畫龍點睛)에 비유하곤 합니다.
99% 논술 준비가 된 학생도 1%의 전략에서 실수해서 아쉽게 예
비를 받아 불합격하는 경우를 많이 봤기 때문입니다. 우리 아이
가 수시 카드 6장 중 논술을 어느 대학에 쓸 것인가를 고민할 당
시 수만휘 문과논술 게시판을 가보니 어떤 학생이 수능최저를
맞추기 어렵다며 논술 카드 3장을 모두 수능최저가 없는 연대,
한양대, 시립대에 넣겠다는 것을 보았습니다. 이 학생의 논술 결
과는 어떻게 되었을까요? 아마도 3광탈했을 가능성이 높습니

다. 아무런 전략이 없이 인서울권 상위권 대학에 진학하고 싶다는 마음에 수능 최저가 없는 대학만을 골라 지원했기 때문입니다. 아빠님들, 논술 합격전략의 기본은 우리 아이가 '가고 싶은 대학'을 지원하는 것이 아니라 '나와 맞는 대학'을 지원하는 것이 되어야 합니다. 그러기 위해서는 '합리적 선택'이라는 전략 기준이 있어야 하고, 이 기준에 따라 지원을 한다면 논술 합격의 가능성이 매우 높아질 것입니다. 제가 생각하는 논술 합격전략의 합리적 선택 기준은 다음과 같습니다.

## 수능최저를 낙관하지 말라

우리 아이가 처음으로 논술을 본 대학은 홍익대였습니다. 2021년 대입전형에서 홍익대는 수능 전인 10월 25일에 치러졌기 때문에 수능에 부담을 느낀 학생들이 많아 응시율이 떨어지기도 하고, 3합 7(수능 세과목 합쳐 7등급 이내)이라는 수능 최저가 있어 전략적으로 지원하였습니다. 결과는 수능 최저를 맞추지 못해 실전 테스트로 족해야 했습니다. 이렇게 수능 최저를 맞추지 못하는 비율이 50~70% 가까이 된다고 합니다. 수능 최저 때문에 최초 경쟁률과 실질 경쟁률이 많이 차이가 나는 것이 논술 경쟁률의 비밀이라는 말씀을 드린 적이 있습니다. 따라서 아빠님들께서는 우리 아이들의 수능 최저에 대해서는 6월 모의 평가 성적 기준으로 한 단계 높여서 판단해야 합니다. 6월 모의 평가 성적으로 3합 7을 맞출 수 있다고 해도 실제 논술 전형에서는 3합 7을 맞출 수 없는 확률이 90% 이상이기 때문입니다. 그런데도 불구하고 3,6,9월 모의평가 성적을 기준으로 수능 최저를 충족할 수 있다는 우리 아이들의 근자감을 그대로 믿으면 논술 시험장에 못 가는 사태가 많이 발생하곤 합니다. 실제로 6 논술을 하는 학생들이 수능 최저를 맞추지 못해 아까운 논술 카드 3~4장을 그냥 날리는 경우가 많다고 합니다. 이런 경우, 마지막 배수진을 치는 방법도 있습니다. 가령 수능 2합 4를 요구하는 대학으로 경희대, 한국외대, 건국대, 동국대, 숙명여대, 세종대가 있다면 가장 자신 있는 두 과목만 2등급씩을 받을 수 있도록 선택과 집중하는 것입니다. 나머지 과목은 과감하게 버리는 사석 전략입니다. 심지어 어떤 학생은 수능 과목을 신청할 때 처음부터 두 과목만 신청하는 경우도 있었습니다.(이런 경우 해당 대학의 모집요강을 철저히 확인해야 합니다.) 진정한 배수진이라 할 수 있겠지요. 그러나 3합 6을 요구하는 서강대, 성균관대, 중앙대, 이화여대를 가고자 하는 경우에는 무리수가 될 수도 있습니다. 저는 솔직히 우리 아이가 홍익대의 수능 최저를 맞출수 있다는 확신이 없었기 때문에 플랜B로 수능 최저가 없는 연세대, 인하대를 함께 지원했습니다. 지금 생각해보면 천만다행한 일이었다고 생각합니다.

## 나와 맞는 대학을 파악하라

논술 전형은 가고 싶은 대학을 지원하는 것이 아니라 나와 맞는 대학을 지원하는 것이 원칙이라는 말씀을 드렸습니다. 이는 대학별 논술 시험의 특성을 잘 파악해서 지원하는 맞춤형 전략에 해당된다고 할 수 있습니다. 우리 아이는 논술을 시작하면서 대학별 기출문제를 풀기 시작했는데, 한양대와 한국외대의 논술 문제를 잘 풀었던 것으로 기억이 납니다. 그런데 한양대의 경우, 우리 아이가 원했던 사범대학의 국어교육과만이 논술 전형을 실시했고 모집인원도 2명밖에 되지 않았습니다. 한양대는 수능 최저가 없지만 천하제일 백일장대회라는 별칭을 얻을 정도로 경쟁률이 폭발하는 논술 전형으로 유명합니다. 따라서 과감하게 지원하기에는 무리가 있었습니다. 이런 경우 22명을 뽑는 경영학부(상경계열)도 염두에 두었어야 했습니다. 아빠님들께서는 대학별 논술 고사의 특성이 아이와 잘 맞는다면 저 같은 실수를 하지 않으셨으면 합니다. 우리 아이는 수학 성적이 평균 1~2등급 기록했기 때문에 수리논술이 포함되는 상경계열에 B 플랜으로 도전했어도 무방했는데 당시에는 사범계열 외에는 눈에 들어오지 않았습니다. 솔직히 상경계열에 가서도 교직이수를 하면 되는데 말입니다. 대부분의 논술 전형을 실시하는 대학에서 상경계열은 수리논술(주로 확률과 통계)를 포함합니다. 따라서 우리 아이의 수학 성적이 1~2등급을 유지하고 있다면 적극적으로 수리논술을 포함하는 상경계열을 지원하는 것이 논술 합격의 가능성을 높이는 방법이라고 생각합니다. 만약에 수학에 자신이 없다면 수리논술을 포함하지 않은 상경계열을 지원하는 것도 맞춤형 전략입니다. 각설하고 우리 아이가 나와 맞는 대학을 어떻게 찾아야 할까요? 방법은 최대한 대학별 논술 기출문제를 많이 풀어 보는 것입니다. 이 방법은 마치 기성복 매장에 가서 옷을 최대한 많이 입어보고 자신에게 맞는 사이즈를 찾는 것과 같습니다. 따라서 논술 전형에 지원하기 전에 미리 대학별 논술 고사의 특성이 자신의 성향과 맞는지 확인해보는 일은 필수입니다.

## 모집인원이 많은 학과를 지원하라

논술 전형은 학종이나 수능 지원전략과는 다르다는 점을 잘 아셔야 합니다. 가령 학종은 전공적합성을 위주로 평가하기 때문에 학과 중심으로 지원하는 것이 보통입니다. 그러나 논술 전형은 우리 아이가 원하는 학과의 모집인원이 턱없이 작은 경우가 종종 있습니다. 우리 아이가 논술 전형으로 복수 지원했던 인하대의 경우 국어교육과의 모집인원이 3명에 불과했습니다. 결과는 예비 2번을 받고 불합격했습니다. 참고로 우리 아이는 학종으로 13명을 모집했던 인하대 국어교육과는 합격을 했습니다. 논술 전형은 자신의 현 위치보다 한두 단계 높게 지원하는 특성이 있기 때문에 추가합격이 거의 없다고 생각하셔야 합니다. 따라서 최초합격자 발표에서 예비 1번을 받아도 불합격하는 경우가 대부분입니다. 지금 생각해 보면 논술 전형으로 23명을 모집했던 인하대 아태물류학과를 지원했다면 합격했을 가능성이 높았을 것입니다. 마찬가지로 연대도 6명을 모집했던 교육학부를 소신 지원할 것이 아니라 27명을 모집했던 경영학과를 지원하는 것이 올바른 전략이었습니다. 물론 결과적으로 합격했기 때문에 상관은 없었습니다. 논술 전형은 비슷비슷한 실력을 갖은 학생들이 대학별 고사를 지원하기 때문에 이처럼 모집인원이 중요합니다. 아빠님들께서는 이러한 점을 감안해서 논술 지원전략을 짜는 것이 좋습니다.

## 논술 시험일 중복을 피하라

논술 전형은 수능 일주일 후 주말에 시험일이 겹치는 대학이 많습니다. 이 경우 반드시 시험일 중복을 피하셔야 합니다. 대학마다 논술 시험을 치르는 수험생들에게 유의사항을 배포하는데 시험장에 한 시간 전에는 입장을 해야 한다고 못 박아 두는 경우가 많습니다. 한 시간 전에 입장하기 위해서는 집에서부터 이동 시간을 포함하면 논술 시험이 끝나는 시간까지 약 5시간이 걸립니다. 시험시간이 겹치지 않는다고 해도 논술 시험을 하루에 두 번 보는 것은 매우 부담이 됩니다. 제시간에 도착할 수 없을지도 모릅니다. 이 경우 귀중한 논술 카드 한 장을 버리게 되는 경우가 많습니다. 따라서 시험일 중복을 피하셔야 하는 것은 전략이 아닌 기본 중의 기본이 됩니다. 논술의 합격률은 매우 낮습니다. 따라서 시험일 중복으로 논술 시험을 못 보는 사태가 발생하지 않도록 해야 합니다. 이는 야구로 따지면 타석에 자주 들어서는 것이 안타나 홈런을 칠 가능성이 높아지는 원리와 같습니다. 아무리 논술 실력이 출중하다고 해도 6타수 6안타를 치는 경우는 없습니다. 논술 합격자들을 보면 대개 3타수 1안타, 4타수 2안타가 많고, 6타수 1안타도 있습니다. 결국 타율을 높이기 위해서는 지원한 논술 시험을 다 봐야 합니다. 아빠님들, 우리 아이의 논술 전형을 지원하기 전에 꼭 대학별 논술 시험일을 모집요강을 통해 확인하시고 겹치지 않도록 하셔야 합니다.

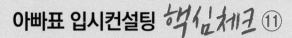

# 아빠표 입시컨설팅 핵심체크 ⑪

▶ 논술 합격전략의 기본은 우리 아이가 '가고 싶은 대학'을 지원하는 것이 아니라 '나와 맞는 대학'을 지원하는 것입니다.

▶ 수능 최저를 절대 낙관하지 말아야 합니다. 우리 아이들의 수능 최저에 대해서는 6월 모의평가 성적 기준으로 한 단계 높여서 판단해야 합니다.

▶ 논술은 모집인원이 많은 학과를 지원하면 합격 가능성이 높아집니다.

▶ 논술 시험일 중복은 절대 피해야 합니다.

# 자주 묻는 질문들

입시 커뮤니티 수만휘 논술 게시판에는 매일 수많은 논술 질문들이 올라옵니다. 대부분 기본적인 내용들인데 불구하고 정리된 답변이 없는 것 같습니다. 그래서 아빠표 입시컨설팅에서는 자주 묻는 질문들을 정리해서 답변을 해보고자 합니다. 참고로 답변 내용을 작성하면서 수만휘에서 논술 전문 코치로 활동하고 계시는 이안표쌤의 도움을 많이 받았습니다.

## Q. 논술 언제부터 시작해야 하나요?

사실 논술 준비에 적합한 시기는 없는 것 같습니다. 굳이 정답이 있다면 아이가 논술전형을 준비해야겠다고 마음먹은 순간, '바로' 시작해야 한라고 말할 수 있을 것입니다. 우리 아이 논술 준비도 그렇게 시작되었습니다. 수시 원서 6장을 어떻게 쓸 것인가를 고민하면서 고3 여름방학 때부터 시작했습니다. 그 전까지는 논술에 대해 1도 몰랐던 아이가 맨땅에 헤딩하듯이 논술 공부를 시작했습니다. 그럼에도 불구하고 우리 아이는 주 1

회 4시간씩 약 5개월을 공부해서 연대 논술에 합격하는 기적을 만들었습니다. 논술 공부에 들인 총 시간을 따지면 약 80~100시간 정도 되는 것 같습니다. 지금 와서 생각해 보면 연대 논술을 준비하기엔 터무니없이 짧은 시간이었던 것 같습니다. 우리 아이의 경우 비교적 짧은 시간에 연대 논술에 합격했지만 모든 수험생에게 적용되는 일반적인 케이스는 아니라고 생각합니다. 연대 논술은 1년을 넘게 공부해도 예비를 받고 떨어지는 경우가 많다고 합니다. 그래서 연대 논술은 일명 반수생, N수생 시험이라고 합니다. 연대 논술을 아깝게 떨어진 논술 2관왕, 3관왕들이 재도전하기 때문에 재야의 논술 고수들이 총출동하는 시험이라는 믿거나 말거나 소문들이 무성합니다. 한마디로 논술 준비가 덜 된 현역들이 붙기 어려운 시험이라는 말이겠죠. 그러나 방법은 있습니다. 논술 전형을 일찌감치 결정하고 일찍 시작한다면 논술 합격의 가능성이 매우 높아질 것입니다. 시기적으로는 고1, 고2 내신이 결정된 이후 고2 겨울방학에 시작하면 제일 좋고, 늦어도 고3 6월 모의평가시험 이후에는 논술 공부를 시작할 것을 권해 드립니다.

## Q. 논술 어떻게 얼마나 공부해야 하나요?

수만휘에서 논술 전문 코치로 활동하고 계시는 이안표 쌤은 논술의 구조에 대해 아래와 같이 설명하고 계십니다.

〈논술의 구조〉

|  | 제1유형 | 제2유형 | 제3유형 |
|---|---|---|---|
| 강의 | 60 | 18 | 5 |
| 교재 | 40 | 12 | 4 |
| 첨삭 |  | 70 | 21 |
| 자습 |  |  | 70 |
| 총계 | 100 | 100 | 100 |

대부분의 학생들은 제1유형인 '강의+교재' 단계에 머물러 있고, 좀 더 노력하는 학생들은 제2유형인 '강의+교재+첨삭' 단계라고 합니다. 그런데 논술로 합격하는 학생들은 제3유형인 '강의+교재+첨삭+자습' 단계에서 가장 많이 나온다고 합니다. 자습의 비중이 무려 70%나 차지하고 있습니다. 여기서 자습이란 첨삭을 받은 이후 '고쳐쓰기와 검사'를 의미합니다. 정답에 완

벽하게 근접할 수 있을 때까지 몇 번이고 고쳐쓰기와 검사를 반복하는 것이 논술에 합격하는 비법이라는 것입니다. 그런데 시간이 없습니다. 내신도 챙겨야 하고, 수능 준비도 해야 하는데 마음은 점점 급해집니다. 여기서 이안표쌤은 '개요짜기' 연습을 통해 시간을 절약할 수 있다고 합니다. '개요짜기'란 논술 답안지에 답안을 작성하기 전 자신의 생각을 정리하는 틀입니다. 시간이 없다면 개요짜기 연습만 해도 문제의 해석과 지문의 독해, 독해의 최종단계인 행간분석까지 가능해지기 때문에 완벽한 답안을 작성할 수 있는 방법이라고 합니다. 따라서 6월 모의평가 전까지 논술 준비는 최소한 개요짜기 연습을 반복하면서 기본 실력을 기르는 방법도 괜찮습니다. 이후엔 대학별 기출문제와 모의고사 풀이를 통해 본격적으로 논술 준비를 하면 됩니다. 그렇다면 논술에는 얼마나 시간을 투여해야 합격할 수 있을까요? 이 질문에는 케이스 바이 케이스라고 대답할 수 밖에 없습니다. 위 이안표쌤의 논술의 구조를 보면 첨삭과 자습이 대다수의 비중을 차지합니다. 따라서 학생이 어떻게 하느냐에 따라 논술의 합격 여부가 결정될 것입니다. 저는 6월 모의평가 시험을 기준으로 그전에는 논술의 기본 실력을 연마하는데 주력하고 그 이후에는 실전 연습을 반복하면 좋은 성적을 거둘 수 있을 것으로 생각합니다. 시간적으로는 각각 주 1회 반나절(4~5시간), 주 1회 하루 종일(8~10시간) 투자하는 것이 좋다고 생각합니다. 덧붙인다면 인서울 상위권 대학에 논술로 합격할 수 있기 위해서는 공부시간은 스스로 만족할 수 있어야 합니다.

## Q. 논술 혼자서도 할 수 있나요?

물론 논술은 혼자서도 공부가 가능합니다. 유튜브를 보면 어쩌나 논술 독학으로 연대 논술도 합격했다는 학생도 본 적이 있습니다. 그러나 고등학교 시절 글쓰기조차 해본 적이 없는 평범한 학생이 혼자 논술 공부를 한다는 것이 어려울 수 있습니다. 논술 고사를 보는 대학들은 자체적으로 논술 독학에 필요한 자료들을 제공하고 있습니다. 대학별로 전년도 기출문제와 해설을 담고 있는 선행학습영향평가 보고서를 발간하고 있으며 논술가이드북 및 동영상을 제공하기도 합니다. 하지만 이것만 가지고는 논술 독학이 어렵습니다. 저는 논술 독학을 하겠다면 최소한 논술 인강을 병행하는 것이 좋다고 생각합니다. 그리고 논술 인강을 선택할 시에는 꼭 첨삭을 받을 수 있어야 합니다. 자신의 답지에 대한 평가와 보완점이 명확해야 자신의 실력이 어느 정도인지 알 수 있기 때문입니다. 마지막으로 시간적, 경제적 이유로 논술 인강을 병행하는 것도 어렵다 할 때는 최소한 한두 달이라도 논술에 대한 기본 개념과 공부 방법을 익힌 후에 독학의 밑거름으로 삼는 것이 좋습니다. 결론적으로 논술은 독학으로 할 수는 있지만 어렵습니다. 인강이나 학원의 도움을 받는 것이 합리적인 선택이라고 생각합니다.

## Q. 수능 최저 맞추는 기준은 6월 모의평가 성적인가요?

먼저 모의고사와 수능의 관계를 이해하셔야 합니다. 많은 학생들이 6월 모의평가 성적을 기준으로 수능 최저를 맞출 수 있다고 자신합니다. 그러나 객관적인 데이터를 살펴보면 6월 모의평가 성적으로 수능 최저를 자신하면 낭패를 볼 수 있습니다. 제 경험상으로도 절대 우리 아이의 근자감을 믿어서는 안 됩니다.

## 〈모의고사와 수능의 관계〉

|  | 3월 모의평가 | 6월 모의평가 | 9월 모의평가 | 수능 |
|---|---|---|---|---|
| 고3 | 97% | 89% | 88% | 74.1% |
| N수생 | 3% | 11% | 12% | 25.9% |
| 난이도 | 70% | 85% | 90% | 100% |

\* 수능에서 N수생 비율은 교육부에서 발표한 내용입니다.

\*\* 3,6,9 N수생 비율과 난이도는 대형학원 발표기준입니다.

이 표를 보면 2021학년도 수능에서 N수생 비율은 29.6%라고 나와 있으며, 2022학년도 수능에서는 N수생 비율은 약 33% 정도 될 것으로 예상하고 있습니다. 9월 모의평가 시험도 안 보고 소리 없이 늘어난 14%의 N수생은 반수생입니다. 아시다시피 수능은 상대평가로 N수생이 늘어나면 현역 고3의 성적은 떨어지는 것이 일반적인 경향입니다. 입시 전문가들은 난이도 기준으로 '6평 X 0.85 = 9평 X 0.9'을 수능에서 받을 수도 있는 최고 점수로 계산한다고 합니다. 그리고 이 공식에서 실력있는 N수생들이 늘어나는 것을 감안한다면 현역 고3의 수능성적은 더 떨어질 수 있습니다. 실제 우리 아이도 한 문제 차이로 수학, 영어에서 한 등급씩 밀려 홍대 논술의 수능최저(3합7)를 맞추지 못했습니다. 흔히, 6평이나 9평으로 최저를 맞췄다고 착각하고 지원을 하는데, 3학년은 약 30%(최고 40%) N수생은 약 40%(최고 50%) 정도의 인원만이 수능 최저를 통과한다고 합니다. 따라서 6월 모의평가 성적은 수능 최저의 기준점이 될 수 없습니다. 아빠님들께서는 최대한 보수적으로 수능최저를 계산하셔야 합니다.

## Q. 내신이 O등급인데 논술 가능할까요?

논술고사에서 내신 등급을 반영하는 대학이 있습니다. 우리 아이가 지원했던 인하대학교의 경우가 논술 70%, 교과 30%를 반영했습니다. 여기서 중요한 것은 교과 30%를 반영한다고 해서 걱정할 필요가 없다는 것입니다. 논술은 내신 등급이 낮아도 얼마든지 지원할 수 있는 전형입니다. 내신 등급 간 점수 차이가 크지 않기 때문입니다. 참고로 2021학년도 인하대학교 모집요강을 보면 논술 우수자의 경우 교과 30%를 총 300점으로 하여 '(학교부교과반영점수 × 2) + 기본점수 100'으로 반영했습니다.

〈인하대 논술고사 등급별 환산 점수〉

| | 1등급 | 2등급 | 3등급 | 4등급 | 5등급 |
|---|---|---|---|---|---|
| 점수 | 10 | 9.6 | 9.5 | 9.4 | 9.3 |

| | 6등급 | 7등급 | 8등급 | 9등급 |
|---|---|---|---|---|
| 점수 | 9.2 | 7.2 | 3.6 | 0.0 |

위 표를 보시면 교과별 등급 간 격차가 2등급에서 6등급까지는 0.1 밖에 차이가 나지 않습니다. 그러나 7등급부터는 큰 점수 차이가 납니다. 따라서 인하대의 경우 내신이 6등급까지는 논술 전형을 지원해도 큰 차이가 나지 않습니다. 인하대뿐만 아니라 논술 전형을 실시하고 있는 대부분의 대학이 5등급까지는 등급 간 격차가 거의 없다고 해도 무방합니다. 논술 전형을 실시하고 있는 대학은 오로지 논술 실력으로만 우수한 학생을 뽑겠다는 의지의 표현이라고 볼 수 있습니다. 따라서 우리 아이의 내신이 3~5등급에 해당된다면 주저 없이 논술을 선택할 것을 고려해봐야 합니다.

## 아빠표 입시컨설팅을 마치면서

우리 아이는 대학에 입학하고 나서도 고3 때와 별다를 바 없이 생활하고 있습니다. 저는 우스갯소리로 방구석 대학이라고 부르고 있습니다. 아직도 끝나지 않은 코로나19 때문입니다. 모든 대학 강의가 비대면으로 진행되고 있어 캠퍼스의 낭만을 만끽하지 못하고 집안에서만 생활하고 있는 아이가 안쓰럽기도 합니다. 그러나 이 상황은 언젠가 끝나겠지요. 그리고 우리 아이는 생각보다 대학에 잘 적응하고 있습니다. 수강신청한 모든 강의의 과제물이 글쓰기다 보니 왜 대학이 논술 전형으로 똑똑한 학생들을 선발하려고 하는지 알 것 같았습니다. 실제로 10개 대학이 참여한 공동연구 결과에 따르면 입학 전형별 대학생들의 평점(GPA)을 조사했을 때 논술전형 입학생들의 평점은 3.21

로, 정시로 입학한 학생들의 평점(3.13)보다 높았다고 합니다. 또한, 같은 연구에서 입학 전형별 학생들의 중도탈락률은 정시 8.4%, 학생부교과 4.7%, 학생부종합 3.5%, 논술 2.7% 순으로 나타나 논술전형으로 입학한 학생들이 대학에 더 잘 적응하는 것으로 나타났다고 합니다. 논술 전형의 비중은 갈수록 줄어들고 있지만 아직도 논술을 실시하는 대학 기준으로 논술 전형의 비중은 10%를 넘고 있습니다. 2022학년도에도 서울 소재 상위권 15개 대학에서는 9.7%를 논술전형으로 학생을 선발하고 있어 10명 중 1명은 논술 전형으로 대학에 들어가고 있습니다. 이 비율은 학생부 교과로 선발하는 비중(12.2%)과 비슷합니다. 저는 앞으로 인서울 상위권 대학이 전국의 똑똑한 학생들을 선발하는 전형인 논술을 폐지하지는 않을 것으로 생각합니다. 저는 학부모님들께 우리 아이들을 인서울 상위권 대학에 진학시키기 위한 방법으로 논술 전형을 적극적으로 고려해보시길 권해 드립니다.

저는 아빠표 입시컨설팅을 시작한 뒤로 수만휘의 '학부모 + 선생님 게시판'에 하루에 한 번씩 들려 게시판에 올라온 글을 읽는 습관이 생겼습니다. 이 글을 쓰는 도중에도 수험생 학부모님들의 고민 글들이 많이 올라와 있습니다. 대부분 부모 맘대로 되지 않는 우리 아이들에 대한 걱정이 주를 이룹니다. 사실 대한민국 모든 학부모님들의 걱정일 것입니다. 그러나 마땅한 해결책은 잘 보이지 않습니다. 이러한 부분에 대해 대치동에서 몇 십 년간 입시컨설팅을 했던 어떤 유명 입시 컨설턴트는 대학입시에서 부모의 역할에 대해 이렇게 이야기합니다. '우리 아이가 부모님과 친구들과 등산을 하다 길을 잃었습니다. 모두가 우왕좌왕하고 있는데 부모님이 나서 길을 안내하겠다고 합니다. 그러자 아이는 반신반의합니다. 부모는 여전히 "내가 이 산을 30년 전에 온 적이 있는데 나만 따라오면 돼"라고 말합니다. 그런데 아이는 부모의 말을 믿지 않습니다. 매일 함께 산을 같이 올랐던 친구들과 길을 찾을 테니 부모님은 따라만 와 달라고 합니다. 아이는 산을 잘 모르는 부모가 30년 전에 와봤다고 산을 안내하겠다고 하니 믿을 수가 없는 것입니다. 여기서 갈등이 생겨나는 것입니다. 해결책은 매일 산을 올랐던 아이가 스스로 길을 찾도록 돕는 것입니다. 부모는 등반대장이 아니라 짐을 지고 등반대를 돕는 셀파 같은 존재가 되어야 합니다.' 이 입시 컨설턴트의 말처럼 부모가 수험생이 돼서 직접 학교에 다니고 공부를 할 수는 없습니다. 그러나 아이를 도울 수는 있습니다. 그 방법은 두 가지가 있습니다. 첫 번째는 조용히 지켜보면서 일관성을 가지고 격려하는 방법이고, 두 번째는 부모가 아이의 대학입시에 대해 적극적으로 공부하고 아이가 길을 찾도록 돕는 것입니다. 저는 이 과정을 통해 우리 아이와 깊은 신뢰관계가 형성될 수 있다고 생각합니다. 이 신뢰관계를 만드는 것이 바로 우리 아이가 원하는 대학, 원하는 학과로 보낼 수 있는 최고의 방법이라고 생각합니다.

2020년 한 해 저는 인생에서 실패와 성공을 한꺼번에 맛보았습니다. 지난 4년간 공들였던 제3정당의 실패를 경험하기도 했고, 코앞에 닥쳐온 우리 아이의 대학입시를 위해 아빠표 입시컨설팅을 시작한 지 5개월 만에 성공을 거두었습니다. 저의 실패가 역설적으로 아이의 성공으로 이어졌습니다. 그래서 저는 대학입시에 대해서 1도 몰랐던 평범한 입시초보아빠가 좌충우돌하면서 우리 아이를 대학을 보내기 위해 어떻게 노력했는지를 이 책을 통해 진솔하게 밝히고 싶었습니다. 제가 느끼고 공부했던 내용을 중심으로 서술하려고 노력했습니다. 그 과정에서 많은 분들의 도움도 받았습니다. 특히 수만휘에서 만나 '아빠표 입시컨설팅Ⅲ, 논술로 대학가자' 편을 서술하는데 큰 도움을 주신 이안표쌤과 대학입시 은어/줄임말을 정리한 글을 게재할 수 있도록 허락해 준 고2학생 김형호군에게 진심으로 감사의 말씀을 드립니다. 그리고 제가 아빠표 입시컨설팅을 진행하는 동안 묵묵히 지켜보면서 지원을 아끼지 않았던 아내와 아빠를 믿고 따라 주었던 우리 아이에게도 사랑한다는 말을 전하고 싶습니다.

이제 몇 개월 지나면 본격적으로 대학입시 원서접수가 시작됩니다. 모쪼록 이 책이 수험생과 학부모님들께 조그마한 도움이 될 수 있었으면 좋겠습니다. 제가 할 수 있었으니 여러분들도 하실 수 있다고 생각합니다. 지금부터 저와 함께 아빠표 입시컨설팅의 세계로 함께 뛰어들어 보시지 않으시겠습니까?

벚꽃이 휘날리는 4월에
**원성묵** 올림

# 아빠표
# 입시컨설팅

초판 1쇄 인쇄 2021년 6월 15일
초판 1쇄 발행 2021년 6월 21일

**저자** 원성묵
**발행인** 홍기표
**디자인** (주)피알팩토리플랜
**펴낸곳** (주)글통

**출판등록** 2020년 12월 2일 (제2020-000331호)
**전화** 02-304-7734
**팩스** 02-6003-0276
**페이스북** http://www.facebook.com/Geultong
**이메일** geultongbook@naver.com
**ISBN** 979-11-973786-5-2
**정가** 14,500원